원서발췌
야쿠트인 : 구비전승과 신앙

고전 명작을 읽는 가장 쉬운 길,
'지식을만드는지식 원서발췌'

축약, 해설, 리라이팅이 아닙니다. 원전의 핵심 내용을 문장 그대로 가져옵니다. 작품의 오리지낼리티를 가감 없이 느낄 수 있습니다.
두껍고 읽기 어려워 책장을 덮어 버리곤 했던 고전을 발췌합니다. 해당 작품을 연구한 전문가가 작품의 정수를 가려 뽑아냅니다. 핵심만 읽기 때문에 더 빠르게 더 많은 고전을 읽을 수 있습니다. 제외된 부분은 중간중간 친절하게 요약 설명합니다. 풍부한 해설과 주석으로 전체 내용을 파악하는 데 무리가 없습니다. 정확한 번역, 적절한 윤문으로 10대에서 80대까지 누구나 쉽게 읽을 수 있습니다. 콤팩트한 사이즈와 분량이므로 간편하게 휴대할 수 있습니다. 수천 쪽의 고전을 발췌된 내용으로 읽고도 전체 의미를 파악할 수 있는 것이 지식을만드는지식 원서발췌의 매직입니다. 발췌율은 표지에 표시하고 발췌 방법은 일러두기에 상세히 밝힙니다.
고전 독자를 발췌 읽기에서 완역 읽기로, 더 나아가 원전 읽기로 안내합니다. 바쁜 현대인들에게 새로운 고전읽기 방법을 제시합니다.

원서발췌
야쿠트인 : 구비전승과 신앙

Якуты: народное словесное творчество и верования

바츨라프 세로셉스키(Вацлав Серошевский) 지음
김민수 옮김

대한민국, 서울, 지식을만드는지식, 2025

편집자 일러두기

- 이 책은 《야쿠트인. 민족지학적 연구 경험(Якуты. Опыт этнографического исследования)》(1993)을 저본으로 삼아 번역했습니다.
- 이 책에서는 야쿠트족의 정신문화를 다룬 제13장 〈구비전승〉과 제14장 〈신앙〉을 발췌 번역했습니다. 원전의 약 11% 분량입니다.
- 옮긴이가 단 각주는 '옮긴이 주'로 표시했습니다. 지은이 주 가운데 야쿠트어 원어를 제시한 것 등은 생략했습니다.
- 외래어 표기는 현행 한글어문규정의 외래어표기법을 따랐습니다. 단 야쿠트어 원어는 현지 발음을 중시해 표기했습니다.
- 이 책은 2012년 2월 23일 '천줄읽기' 시리즈로 처음 출간했다가 이번에 '원서발췌' 시리즈로 옮겨 출간합니다.

차례

야쿠트인 : 구비전승과 신앙

야쿠트인의 구비전승

뵈틀링크[1)]의 야쿠트어 문법서와 사전은 앞으로도 오랫동안 야쿠트어 연구의 유일한 기반이 될 것이다. 본인은 스스로를 이 고전적인 저술에 그 무엇을 덧붙일 만큼 충분한 지식이 없는 사람으로 여기므로, 야쿠트어의 기본적인 사항을 알고자 하는 독자는 그 책을 볼 것을 권한다. 여기서는 야쿠트어와 다른 언어들의 친연성에 대한 학자들의 견해를 소개하고, 야쿠트어 문법 및 음성에 관한 부차적인 문제들에 대한 개인적인 관찰 결과를 소개하는 데 그치고자 한다.

야쿠트어는 투르크-타타르어족에 속한다. 그러나 뵈틀링크와 밤베리[2)]의 공통적인 견해에 따르면, 야쿠트어

1) (옮긴이 주) 오토 폰 뵈틀링크(Отто фон Бётлингк, 1815~1904): 상트페테르부르크에서 출생한 독일계 러시아인 언어학자로, 전 7권으로 구성된 산스크리트어 사전 편찬자이자 최초의 야쿠트어 문법서 저자로 잘 알려져 있다.

2) (옮긴이 주) 아르미니 밤베리(Арминий Вамбери, 1832~1913): 헝가리 출신의 언어학자, 여행가로 이란에서 중앙아시아까지 여행하면서 중앙아시아 여러 민족의 역사, 사회, 문화를 연구했다. 치가타이어와 위구르어 연구 및 투르크-타타르어와 핀-위구르어 어휘 연구로 잘 알

는 어족 내 다른 언어들과는 다소 차이가 있어 별도의 분지를 형성하는데, 그것은 공통 조어로부터 아주 오래전에 분파되었기 때문인 것으로 보인다. 라들로프[3]는 이 문제에 대해 다소 독특한 견해를 밝히고 있으며, 야쿠트인들을 "투르크족의 바다에 흘러 들어간 색다른 물결"이라고 본다.[4] 야쿠티아 지역으로 이주한 타타르인이나 바슈키르인이 야쿠트어를 능숙하게 구사하기까지는 6개월만 배우면 충분하다. 러시아인들은 그 정도 구사하려면 수년이 걸린다. 가장 어려운 것은 아리아어족과 완전히 다른 야쿠트어 음성 체계다. 유럽인의 귀로 분별할 수 있게 되기까지 오랜 시간이 걸리는 음가들이 있으며, 유럽인의 목으

려져 있다.

3) (옮긴이 주) 바실리 바실리예비치 라들로프(Василий Васильевич Радлов, 1837~1918): 러시아의 투르크학자, 민속지학자, 고고학자로 투르크 계통 여러 민족 언어에 대한 비교역사언어학적 연구로 잘 알려져 있다.

4) 포타닌, 《북서 몽골 서설》, 제4판, p. 1.
(옮긴이 주) 그리고리 니콜라예비치 포타닌(Григорий Николаевич Потанин, 1835~1920): 러시아의 중앙아시아, 시베리아 연구자로 시베리아 지역 연구 창시자 중 한 사람으로 여겨지며, 《북서 몽골 서설》은 1876~1877년에 러시아 지리학회의 지원으로 현지를 답사해 저술한 것이다.

로 충분히 정확한 발음을 하는 것이 거의 불가능한 음가들도 있다. 그런 것으로 비음성 자음 [ng]을 들 수 있다.

유럽인의 그런 발음을 듣는 야쿠트인들은 '말은 잘하는데, 발음이 너무 거세다'고 말한다. 그리고 예를 들어, 어근 [as]는 모음이나 자음을 어떻게 발음하느냐에 따라, 또는 때로는 아무런 발음 차이 없이도 '털', '음식', '하얀', '열어라', '먹어라', '지나가라', '굶어라', '세워라' 등 다양한 의미를 표현하며, 어근 [is]의 경우에도 '안에', '위장', '마셔라', '가라', '살쪄라' 등등의 의미가 표현되고, 어근 [iti]도 '따뜻한', '더위', '힘을 보충해라', '바로 자신' 등등의 의미를 표현한다. 야쿠트어에는 그런 다의적인 음성 결합체가 아주 많다. 그들의 의미를 추측할 수 있을 정도로 능숙하게 언어를 구사하는 경우에만 그 의미를 파악할 수 있다. 야쿠트어의 문법적 형태가 모호하다는 점도 그것들의 의미를 파악하기 어렵게 만든다. 야쿠트어 명사에는 문법적 성이 없기 때문에 형용사와 명사 간의 형태적 일치가 없다. 주격형이 목적격형으로 그대로 쓰이기도 한다. 여격형은 장소도 방향도 모두 표현하며, 관형격형은 없고 그것을 대신하는 접두사 '겐냐'도 드물게 사용된다. 관형격형은 주로 상응하는 형용사로 대체되어 생략된다. 특정 형태의 형용사, 명사, 동사 대부분은 의미로만 서로 구별할 수 있다. 많은 어근들이 다양한 품사가 될 수 있으며, 사물을 표현하기도 하고 행위를 표현하기도 한다. 예를 들어, 어근 [as]는 '음식'(명사 주격)이라는 의미도, '먹어라'(동사 명령형)라는 의미도 된다. 어근 [bys]는 '베인 상처', '칸막이 벽', '잘라라' 등의 의미를 표현한다. 복수와 단수도 발화에서는 서로 자유롭게 교체되며, 반대로 정형이 부정형에 의해 자유롭게 교체되기도 하는 것으로 보인다. 종종 구문 전체가 단어들의 단순 배열로 이루어져, 어미들이 단어들 간의 관계를 보여 주지 않는 경우도 있다. 그런 구문은 정확히 번역하기가 극히 어렵다. 야쿠트어에서는 문장 내 어순이 단어들 간의 내적 관계를 보여 주는 것임에도 불구하고, 특정한 어순이 반드시 지켜져야 하는 것은 아니다. 따라서 단어들의 내적 관계, 즉 발화의 기본적인 의미가 말뜻을 이해하는 데 필요한 거의 가장 중요한 지침이 된다. 야쿠트어를 잘 알기 위해서, 즉 야쿠트어의 풍부한 구문이나 형태 활용에 대해 잘 알기 위해서는 야쿠트인의 생활상을 알 필요가 있다. 그것을 잘 알아야 문법적인 형태가 정확한 해석에 아무런 도움이 되지 않는 문장도 이해할 수 있다.

두운법, 삽입법, 반복법 등으로 장식된 이야기, 노래, 영웅서사시 등은 번역하기가 극히 까다롭다. 그래서 아직은 야쿠트어의 전형적인 아름다움을 유지한 표본적인 번역물이 단 하나밖에 없는 상태다. 그것은 후다코프[5]의 야쿠티아 영웅서사시 번역이다. 야쿠티아 영웅서사시 올론호의 언어는 일상 언어에 비해 사용 어휘가 훨씬 많다. 예를 들어, 뵈틀링크의 사전에 포함된 4천 단어는 일상적인 대화를 하기에는 충분하지만, 영웅서사시 하나를 번역하기 위해서는 그보다 두 배 정도 더 많은 어휘를 알아야 한다.[6] 그러나 영웅서사시에 포함된 많은 단어들이 이미 의

---

5) (옮긴이 주) 이반 알렉산드로비치 후댜코프(Иван Александрович Худяков, 1842~1876): 러시아 혁명가, 민속학자, 민속지학자로서 알렉산드르 2세 암살 사건 연루 혐의로 1886년부터 1874년까지 베르호얀스크에서 유형생활을 하면서 야쿠티야 지역의 언어와 민속을 연구했고 민담을 수집했다.

6) 야쿠티아 각 지방의 야쿠트어는 서로 크게 다르지 않아, 표준 형태에서 약간 벗어난 지방어를 사투리라고 여기기 어려울 정도다. 야쿠트어에는 약 1만 내지 1만 2천 개의 어휘가 있다. 물론, 어휘의 대부분은 파생어다. 야쿠트인들은 하나의 어근에 접두사를 첨가하는 방식으로 새로운 단어를 파생시키는데, 접두사는 아주 단순하며 모든 어근에 동일한 접두사를 첨가한다. 동사, 명사, 형용사, 시간 · 장소 · 원인 부사 등이 접두사로 사용된다. 단어 형성, 단어들의 곡용과 활용은 야쿠트어의 일반적인 음성 법칙에 따르는데, 그것들도 아주 단순하며 기억하기 쉽다. 그런 점이 야쿠트어가 동북시베리아의 '불어'[공용어라는 의미에서]가 될 수 있게 했음이 틀림없다.

미를 상실했으며, 이야기꾼들조차 무슨 의미인지 모르는 어휘가 많다. 영웅서사시는 문체도 독특하다.

언젠가 내가 일상적인 대화에서 설화에 사용되는 어구들을 사용했더니, 야쿠트인들이 "그것은 영웅서사시나 노래에 사용되는 말입니다"라고 지적한 적도 있다. 설화에 사용되는 야쿠트어 문체는 세련되고 화려하고 우아하며 각종 접두사와 미사여구로 가득한 것이 특징이다.

이와 관련해서 야쿠트인들은 "생각은 소리를 통해 드러나며, 말은 아름다움에 가치가 있다"라고 말한다.

야쿠트어 일상 구어도 표현이 정확하며, 다양한 음성이 풍부하게 사용된다. 야쿠트인들은 말할 때 위트, 동음이의어나 다의어를 사용한 익살, 미사여구, 상투어구, 비교 등을 사용하기를 좋아하며, 말재주가 좋은 사람을 존중한다. 그래서 사람들이 돌아가며 화려한 구문을 섞어 길게 말하는 것을 자주 들을 수 있다.[7]

---

7) 미덴도르프도 야쿠트인들이 화려하게 말을 잘하는 것을 좋아한다고 언급했다.

(옮긴이 주) 알렉산드르 표도로비치 미덴도르프(Александр Фёдорович Миддендорф, 1815~1894): 독일계 러시아인 여행가, 지리학자, 식물학자이자 동토 연구의 초석을 쌓은 학자로 알려져 있다. 1842년~1845년에 시베리아 북부와 극동 지역을 탐사했다.

물론 가장 멋진 언어는 노랫말이다. 노랫말은 민중 구어 창작물 가운데 가장 서정적이고 가장 자유로우며 변화가 다양한 장르다. 노래의 곡과 가사는 가수와 가수의 기분에 따라 다양하게 변화된다. 야쿠트인의 노래에서는 가사가 곡보다 훨씬 더 풍부한 것으로 보인다. 야쿠트인들은 모두 노래를 좋아한다. 그래서 야쿠티아 지방에서 길을 가거나 사람이 많이 모인 장소에서는 그들이 노래하는 것을 자주 들을 수 있다. 마부도, 행인도, 나무꾼도, 땔감을 모으는 아가씨도 모두 노래를 한다. 그들은 대부분 숲이나 도끼, 말, 지나가는 외국인, 여행 끝에 묵게 될 따뜻한 집, 맛있는 음식 등 듣고 보는 모든 것, 좋은 것이든 나쁜 것이든 해당 순간에 그들의 마음을 사로잡는 모든 것에 대해 노래한다. 그것은 주로 해당 순간에 즉시 지어내 부르고 잊어버리는 즉흥곡이다. 종종 하나의 단어, 하나의 음성, 한 마디의 멜로디를 부르는 사람 마음대로 끝없이 반복하기도 해서, 마치 등에가 딩딩거리는 소리나 기름칠이 되지 않은 마차가 삐걱거리는 소리처럼 들리는 경우도 있다.

그러나 그런 단편적인 흥얼거림이나 음치가 하는 노래를 듣고 야쿠트인들의 노래를 평가하는 것은 잘못된 일이다. 야쿠트인들에게는 진정한 노래와 진정한 가수들이 있다. 그것이 어떤 것인지 알려면 야쿠트인들과 함께 오래 살면서 그들의 언어뿐 아니라 그들의 세계관과 감정을 이해할 수 있도록 배워야 한다. 이방인에게는 처음에는 노래의 모티브들이 그들의 얼굴처럼 모두 똑같아 보일 것이다. 그러나 실상 그렇지 않다. 그들의 노래에 익숙해지게 되면, 모티브가 다양하다는 것을 알게 되고 쉽게 구별할 수 있게 된다. 무엇보다 먼저, 야쿠트인의 모든 노래는 남성의 노래와 여성의 노래로 나누어진다. 그리고 다시 영웅에 대한 노래, 사랑에 대한 노래, 어떤 사건을 서술하는 노래, 그리고 놀이나 춤, 굿을 할 때 부르는 합창 등 다양한 그룹으로 나누어진다.[8] 노래는 각 그룹, 각 종류마다 나름대로의 외형과 관습적인 멜로디가 있으며, 가수는 거기에 나름대로의 색깔을 입힐 수 있는데, 그 색깔이나 가수의 목소리가 멋지고 가사가 전하는 감정이 보다 깊고 보다 공감 가능한 것일 때, 가수의 명성이 더욱 높아진다. 야쿠트인들은 훌륭한 노래를 듣는 것을 좋아하며, 가수들은 청중의 반응을 중시하는 것으로 보인다. 때때로 가수들끼리 시합을 하기도 한다. 가수들은 우연히 또는 정해 놓고

8) 야쿠트어로 노래는 '을르'라고 하며, 찬가, 사랑가 등 변주된 노래는 '투오외르', 사건 서술 모티브의 노래는 '퇴귤류', 영웅서사적 노래는 '올론고 을라타'라고 부른다.

어느 집에 모여, 돌아가며 노래를 해 청중들을 감동시켜 더 큰 반응을 얻는 경쟁을 한다. 그들이 얻는 반응은 우리 가수들이 얻는 반응과 크게 다르지 않다. 여자들은 집 안 왼쪽의 여성용 공간에 모여 앉아 감동받아 하얗게 된 얼굴로 숨죽이며 듣고 있고, 남자들도 집 안 오른쪽 남성용 공간의 벽을 따라 놓인 의자에 앉아 심각한 표정으로 듣고 있다. 노래가 끝난 뒤에도 사람들은 순간적으로 찾아온 감동을 잃지 않으려는 듯 여전히 귓속말로 이야기하고 조심스럽게 몸을 움직인다.

나는 그런 가수들 간의 시합 자리에 앉아 청중들의 반응을 살펴본 적이 여러 번 있다. 때때로 의견이 갈라지기도 한다. "이 가수는 가사는 좋은데 목소리가 좋지 않고, 저 가수는 목소리는 아름다운데 가사가 좋지 않아"라고 평가하거나 "심금을 울리는 노래였다"고 평가하기도 한다. 그런 평가는 때때로 내가 받은 인상과 일치하기도 했다. 내가 러시아 노래와 러시아 가수들에 대해 야쿠트인들에게 물어보았을 때도 마찬가지였다. 물론 야쿠트인들은 러시아 노래의 많은 부분을 잘 이해하지 못했으며, 그들에게 익숙한 음역 이상의 높은 음들은 그들에게 긍정적으로 들릴 수 없는 것이어서, 그런 것은 단순한 '고함'이라고 여겼다. 그러나 러시아 노래의 부드럽고 좋은 느낌, 또는 거칠고 과장된 느낌에 대한 의견은 유럽 사람들의 의견과 전혀 다른 것은 아니었다. 즉 야쿠트인의 음악에 대한 이해, 좋은 노래와 나쁜 노래를 구별하는 시각은 우리의 시각과 그 어떤 공통점이 있다. 그러나 야쿠트인이 노래할 때 사용하는 발성법은 아주 독특해서 유럽의 발성법과 커다란 차이를 보인다. 야쿠트인들은 거의 목으로만, 즉 후두로만 노래한다.

노래는 모티브가 두세 마디 이상으로 구성되는 경우는 드물고, 리듬이 극히 두드러져 우리의 암송 리듬과 비슷한 정도다. 그 리듬은 강한 호흡을 통해 표현되는 세련되고 명확한 운율이다. 야쿠트인들은 악기 연주, 특히 바이올린 연주를 즐겨 듣는다. 야쿠트인들에게는 '호무스' 이외에는 별다른 악기가 없다. '호무스'는 철로 된 틀 가운데 긴 철편이 달려 있는 것으로, 틀을 입술로 고정시키고 손가락으로 그 철편을 튕겨 소리를 낸다. 음조는 이와 혀를 사용해서 변형시킨다. 이 악기는 우크라이나의 '드루믈랴'와 아주 비슷하다. 나는 카르파티아 산맥 계곡에서 목동들이 '드루믈랴'를 가지고 있는 것을 본 적이 있다. 그것이 아시아에서 그곳으로 전해진 것인지, 아니면 카자흐인들이 시베리아를 개척할 때 이곳 먼 북동부까지 전해진 것인지 흥미롭다. 호무스로 노래를 반주하는 것은 불가능하다. 따

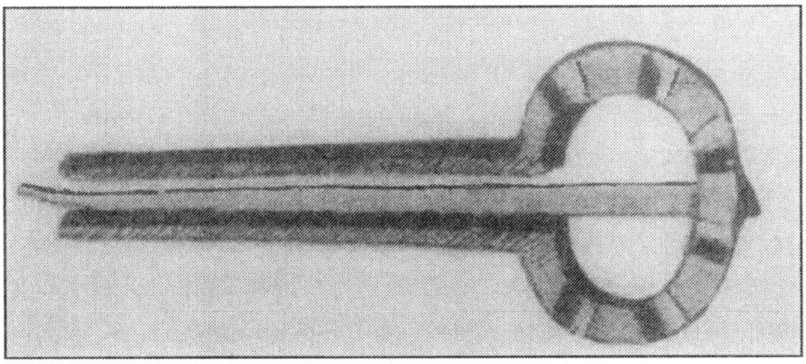

야쿠트인의 전통 악기 호무스

라서 호무스의 은은하고 부드러운 소리는 심벌즈 소리와 마찬가지로 노래를 장식하는 기능을 할 뿐이다. 한편, 나는 봄에 철새가 이동하는 모습에 관한 노래 하나를 알고 있는데, 쿠플레, 즉 2행 연구 사이의 휴지부에서 철새 소리를 묘사하는 데에 바로 호무스가 사용된다. 야쿠티아 가수들은 보통 앉아서 노래를 한다. 특별히 흥이 나는 경우에만 일어서서 노래를 하는데, 그때 눈은 먼 곳에 고정시키고 가끔씩 작고 부드럽게 손이나 몸을 움직이며 노래한다. 야쿠트인들이 합창하는 것은 극히 드물며, 합창을 하더라도 보통 후렴만 합창한다. 원무를 추는 경우에도 원의 한가운데 서 있는 사람만 노래하고 다른 사람들은 후렴만 반복한다. 나는 그런 원무가를 딱 한 번 들어 본 적이 있다. 콜리마 지방에서 굿을 하는 자리였다. 그것은 아주 특별한 볼거리였다. 굿은 짙은 어둠이 깔린 뒤에 행해졌다. 굿을 진행하던 중에 무당이 갑자기 북 치던 것을 중단하고 땅 쪽으로 몸을 숙이고 가만히 있었다. 몇 분의 침묵 후에 부싯돌을 부딪치는 소리가 들렸고, 빨간 불꽃이 튀면서 유르트 안을 밝혔다. 그때 남자들이 합창을 하기 시작했다. 그리고 다시 북소리가 들리기 시작했다. 그러다가 갑자기 또다시 모든 것이 멈추었고, 부싯돌 부딪치는 소리와 거기서 튕겨 나왔다가 금방 사라지는 환상적인 불꽃에

화답하듯 여성들의 합창이 이어졌다.

비록 드물기는 하지만, 야쿠트인들이 합창하는 것보다는 드라마화된 노래를 부르는 것을 더 자주 들을 수 있다. 그것은 다음과 같이 이루어진다. 한 무리의 사람들이 모두가 다 아는 노래를 함께 부르기로 약속한다. 그리고 그 중 한 명이 이야기 전개에 필요한 장소와 행위에 대해 말하기로 하고, 다른 한 명은 주인공인 선한 용사의 역을, 또 다른 한 명은 주인공의 적인 악당 역할을 하기로 한다. 나머지 사람들은 아버지, 어머니, 아내, 애인, 누이, 악한 무당과 선한 무당 또는 귀신 역할, 그리고 야쿠트 영웅서사시에서 빼놓을 수 없는 동물인 말 역할을 나누어 맡는다. 이런 방식으로 주로 야쿠트 영웅서사시인 올론호를 부른다. 옛날에는 반드시 그런 방식으로 올론호를 노래했다고 한다. 노래할 사람이 부족한 경우에는 한 사람이 몇 가지 역할을 맡기도 한다. 나는 네 명이 역할을 분담해 부르는 올론호를 들어 본 적이 있다. 그들은 이야기 순서에 따라서 돌아가며 노래를 불렀다. 이렇게 영웅서사시를 노래하는 방법은 한 사람이 모두 부르는 것보다 훨씬 더 아름답지만, 그런 공연은 점차 드물어지고 있다. 그것은 첫째, 노래를 잘 알고 즐기는 사람들이 점차 줄어들기 때문인데, 그렇게 여러 명이 모여 노래하기 위해서는 무엇보다 노래의 가사와 모티브에 대한 풍부한 지식이 필요하다. 둘째로, 저녁내 노래하는 사람들에게 음식을 대접하는 데는 야쿠트인의 빈약한 경제 사정에 비해서 너무나 많은 돈이 들어가기 때문이다. 집주인은 노래하는 사람들에게 항상 최상의 음식을 대접한다. 아마 그런 음식 대접이 야쿠트 가수들이 받는 유일한 보상인 것으로 보인다. 한편, 돈과 선물을 받고 고용되어 노래하는 가수들도 있다는 말을 들었다. 남 지방의 부유한 야쿠트인 집안의 여주인이 아르타몬이라는 가수를 고용했는데, 그 조건이 들판, 이웃집, 숲속 어디에서든, 그리고 일할 때나 식사할 때, 잠잘 때, 그 어느 때라도 여주인이 원하면 노래를 불러 주는 것이었고, 그 대가로 아르타몬은 암말 한 필을 받았다고 했다. 이 아르타몬은 남 지방의 하말가 부족 출신이었는데, 목청이 좋고 혼을 담아 노래를 했다고 한다. 그래서 그가 노래를 하면, 여자들은 광란 상태에 빠졌고 남자들은 마치 어린아이처럼 힘이 쭉 빠져 움직일 수 없는 상태가 되었다고 한다. 그리고 그의 노래는 나무를 마르게 하고 사람들이 판단력을 잃게 할 정도였다고 한다(남 지방, 1890).

그리고 살반 부족 출신인 마차야르라는 유명한 가수에 대한 이야기도 있는데, 그런 가수가 한 명만 더 있었어도 나무 세 그루 중 한 그루는 말라 죽었을 정도였으며, 그가 노래를 하지 않도록 돈을 지불하기도 했다고 한다(남 지방, 1890). 그런 저명한 가수는 유명한 무당이 그런 것처럼, 겸손하고 뽐내거나 설치지 않으며, 아무 데서나 아무 때나 노래하지도 않는다고 한다(남 지방, 1890). 이제 가수에 관한 몇 가지 말을 제시해 보겠다.

> "훌륭한 가수는 마음속에 항상 노래가 있다. 그런 가수는 입을 벌리기만 해도 마음속의 노래가 저절로 밖으로 튀어 나온다. 그런 가수는 노래를 부르지 않으면 생각이 뒤엉키고 가슴속이 답답해진다. … 훌륭한 가수는 혼자 있을 때도 노래를 부른다. 그래서 그는 다른 일에 집중할 수 없어 불행하게 살기도 한다"(남 지방, 1891).

> "노래 솜씨에 대해 시기하는 것은 좋지 않다. 그래서 훌륭한 가수들은 함께 노래할 때, 서로 양보하며 고르게 부르려고 노력한다. 노래로 사람을 죽일 수도 있다. … 진정한 가수는 패배했다고 느끼면 죽을 수도 있다"(남 지방, 1891).

> "가수는 무당이 굿을 하지 않을 수 없는 것처럼, 노

래를 하지 않을 수 없다. 무당은 굿을 통해 건강을 주지만, 가수는 노래를 통해 행복을 준다"(남 지방, 1890).

"가수는 때로 불행할 수 있다. 그는 자신의 노래로 귀신들을 동요시켜 그들의 주목을 받게 된다"(남 지방, 1891).

이런 말에도 불구하고, 야쿠트인들 사이에 가수가 되고 싶어 하는 사람들이 많을 것이다. 야쿠티아의 가수는 목소리와 상상력, 그리고 예술적 감각 이외에도 대단한 기억력을 갖추고 있어야 한다. 수십만 개의 시구를 외우고 있어야 하기 때문이다. 가수를 교육하는 것은 다음과 같은 방식으로 이루어진다. 나이와 경험이 많은 가수가 먼저 큰 소리로 노래를 부르고 나서 제자가 따라 부르도록 한다. 그 후 제자는 혼자서 여러 번 반복하며, 스승은 그것을 들으면서 가사와 음을 고쳐 준다. 영웅서사시 올론호 하나를 배우는 데 30코페이카에서 1루블 또는 그 이상을 지불해야 한다. 언젠가 나는 한 가정에서, 너무나 노래를 배우고 싶은 나머지 집에 마지막 남은 버터 덩어리를 노래 배우는 값으로 지불해 버린 아들을 나이 든 어머니가 욕하는 광경을 본 적도 있다.

야쿠트인들이 내게 "러시아에도 고대 용사에 대한 노래가 있습니까? 우린 멋진 노래들이 있어요. 우리 조상들은 싸움터에 나갈 때 항상 노래를 불렀다고 합니다" 하고 말했다(콜리마 지방, 1883).

> "모든 것의 질서를 파괴하는 마법적인 힘을 가진 노래들이 있습니다. … 훌륭한 가수는 자신의 가장 좋은 노래를 친구나 좋아하는 사람들에게 불러 주지 않습니다. 그런 노래들은 인생에 좋지 않은 일들이 생기게 합니다"(남 지방, 1890).

> "마치 하나의 뿌리에서 생겨난 세 개의 나뭇가지처럼 하나의 뿌리에서 생겨난 세 개의 노래가 있습니다. 인간 영혼의 노래, 신의 노래, 악마의 숨결이 담긴 노래가 그것입니다. 마지막 노래가 들리면 나무들도 말라 버립니다"(남 지방, 1891).

물론 그런 말들에는 노래에 대한 열광이 담겨 있는 것이 틀림없겠지만, 나 역시 혼이 담긴 목소리로 부른 올론호를 들으면서 여러 차례 내 안에 독특한 시적 형상들이 형성되는 것을 느꼈다는 것을 말해 두고 싶다.

때때로 그런 형상들은 풍부한 두운으로 장식된 시들 속에 각인되어 있다. 이 두운은 시구의 앞부분뿐 아니라 끝 부분에도 동시에 배치되어 노래 전체가 마치 하나의 끊임없는 화음, 진주 같은 단어들을 이중으로 엮고 있는 실처럼 느껴지게 한다.

물론 야쿠티아 노래들 가운데에 장난스런 노래, 경박한 노래, 듣기 거북한 내용의 저속한 노래들도 있지만, 그런 노래가 없는 민족이 어디 있겠는가? 그런 노래들 가운데 독특한 유머를 담은 다음과 같은 노래도 있다.

"우리가 무슨 끔찍한 죄를 짓는 것인가? 사람을 죽이는 것도 아니고 창고를 부수는 것도 아니고… 그저 뽀뽀하는 것인데." 그리고 아가씨들이 운 없는 남자를 조롱하는 노래들도 있다.

야쿠티아 노래들은 자연 묘사에도 뛰어나다. 가장 잘 알려진 올론호 가운데 하나에서, 폭풍이 시작되는 광경을 다음과 같이 묘사하고 있다.

"바람이 부네, 동쪽에서 회오리가 불어오기 시작했네,
멀리서 천둥이 울리고,

빗줄기가 후드득 떨어지기 시작했네,
회색빛 먹구름이
말 떼처럼 모여 하늘을 지나가네…"

그리고 다음과 같이 거의 땅 전체에 걸친 현상을 묘사하는 것도 있다.

"툰드라 바다의 왕좌로부터,
북해의 끝으로부터,
서해의 가장자리로부터,
남해의 경계로부터,
동해의 테두리로부터,
진흙 산의 언덕으로부터,
낮게 뻗은 산의 꼭대기로부터,
은빛 태양 아래에서,
높이 솟아오르며 밝은 빛을 내는…
이지러져 가는 달과 함께,
여행자들의 야영지와 함께,
빠른 물살의 깊은 물과 함께,
미소 짓는 투명하고 고요한 물과 함께,
베어져 쓰러지는 곧은 나무와 함께,

네 살배기 말의 발굽만큼 자란 부드럽고 풍성한 풀과
함께,
건너편 언덕은 보이지 않고,
끝도 보이지 않는다.
헤아릴 수 없는 거리,
꽃이 가득 핀 대지,
8방의 어머니 대지…"

야쿠트 가수들이 노래하는 자연의 풍경은 마치 그것이 미니어처만 한 크기로 축소된 듯하며, 무엇보다 색채가 명확하고 화려해 생명력이 돋보인다는 점을 언급해 두고자 한다. 그런데 자연이 인간 행위의 배경으로 묘사될 때는 전혀 다른 모습으로 표현된다. 그런 경우, 자연의 형상들은 의도적으로 불확실하고 모호하게 표현되어 사람들로 하여금 우수와 꿈 등 다양한 생각에 잠기게 만든다.

야쿠트인들은 서정적인 작품을 세 가지 유형으로 분류한다. '스토리야' 또는 '우스토리야'는 역사나 연대기이며, '쾹쉰'은 민담, '올론호'는 영웅서사시다. 그것들을 자세히 설명하기에 앞서, 속담, 수수께끼, 결말 등 다양한 소형식 장르와 설화의 모티브가 되거나 그 일부를 구성하는 실제 사건이나 인물에 관한 짧은 이야기들도 있다는 점을 밝혀 둔다.

기나긴 겨울밤에 야쿠트 청년들이 즐겨 하는 것 가운데 하나가 수수께끼 놀이다. 수수께끼의 대부분은 지역별로 차이가 없다. 나는 마아크가 빌류이 지방에서 채록한 수수께끼와 후댜코프가 베르호얀스크 지방에서 채록한 수수께끼 가운데 많은 것을 콜리마 지방과 남 지방에서 들어 보았다. 다음과 같은 몇 가지 수수께끼는 이방인들은 절대 풀 수 없을 정도로 독특하다. "유르트 위의 늙은 소"(태양), "붉은색 망아지가 달려온다"(천둥), "할란타이 마님이 울루-토욘의 가축의 온 몸을 핥았다"(봄에 나뭇가지에서 눈을 쓸어버리는 바람), "호로노이의 딸이 '난 남쪽으로 가고 싶다'고 말한다"(집), "돌집을 가진 타타의 딸"(타르바간), "남자가 솥 없이 길을 나섰다"(췌장이 없는 말), "두 마리의 하얀 망아지가 싸우고, 붉은색 망아지가 그들을 떼어 놓는다"(이와 혀), "집 주위로 한 마리 검은 황소가 뛰어다닌다"(청설모 꼬리로 만든 모자 테두리), "텅 빈 나무 그루터기에서 벌거벗은 아이들이 얼싸안고 나온다"(섬광), "해와 달이 뽀뽀한다"(모루와 망치), "용사 돌로고노가 귀족들의 집 근처에서 서성댄다"(찡의 밥). 그리고 수수께끼 놀이를 시작할 때 말해서 웃음을 자아내는 "수수께끼의 뿌리인 탐타타하이"(풀이 담긴 그릇)라는 것도 있다. 그리고 다음과 같은 것들도 잘 알려져 있다.

"은빛의 새하얀 목수건을 두고 태양의 아가씨가 떠났다"(일출과 일몰), "하얀 모자 속에 러시아 아이들이 서 있다"(눈 쌓인 나무 그루터기), "말하지 않고 대화하며, 날개 없이 날고 다리 없이 뛰어간다"(편지, 바람, 물결), "눈 깜짝하지 않고 쳐다본다"(구멍), "수많은 사람의 한 가지 생각"(음식) 등.

야쿠트인들의 수수께끼 절반은 아니더라도 삼분의 일은 목축과 관련된 것이거나 목축과 비교한 것이다. 그리고 많은 수수께끼가 이야기들 속에서 다음과 같이 비교법으로 사용되기도 한다. "두 마리의 담비와 똑같은 눈썹", "두 개의 호수 사이에 쓰러진 통나무와 똑같은 코", "외투를 벗어젖히고 다리를 벌린 채 서 있는 여자와 흡사한 난로", "건장한 남자가 서 있다"(말을 매는 기둥), "불에 넣어도 타지 않고, 물에 넣어도 가라앉지 않으며, 칼로 찔러도 물러나지 않는다"(사람의 이름) 등이다. 이야기 속의 주인공들도 수수께끼 내는 것을 좋아한다. 그리고 나는 수수께끼 대신에 수수께끼를 어떻게 푸는가에 대한 장황한 이야기들도 많이 들어 보았다. 전반적으로 수수께끼는 야쿠트 민중 창작에서 극히 중요한 위치를 차지하며, 듣는 사람으로 하여금 과감한 비교를 통해 단어의 숨은 뜻을 찾아내는 방법을 가르쳐 준다. 그리고 야쿠트인들이 일상 대화에서 널리 사용하는 속담도 그와 마찬가지의 역할을 한다. 속담은 간결한 표현, 널리 알려진 형식, 고정된 의미를 통해 하려는 말을 짧게 압축해서 전달할 수 있게 한다. 후댜코프의 모음집에 제시된 속담이자 나도 여러 장소에서 들어 본 전형적인 속담 몇 개를 제시하면 다음과 같다. "멍청이(나무토막)는 도끼가 날아들 때까지 가만히 있는다", "새알 하나가 어디에 간들 썩지 않을까?"(미혼자에게 하는 말),[9] "아픈 데 손이 가고 사랑하는 사람에게 눈길이 간다", "절름발이는 길에서도 표시가 난다", "얼굴에 흙이 묻은 사람"(모욕을 당한 사람), "가마가 세 개인 사람"(사기꾼), "서로 싫어하는 부부는 일찍 일어난다", "독수리 새끼는 독수리 되고, 까마귀 새끼는 까마귀 된다", "가진 것 없어도 고향이 좋다", "개가 겁내지 않는 것처럼 야쿠트인은 부끄러워하지 않는다", "하늘은 높고 땅은 넓으며 바다는 깊다", "도끼로 아무것도 찍지 않고 무엇을 얻을까?"(아무것도 하지 않으면 아무것도 얻지 못한다), "내년을 위해 남겨 둔 대구 머리를 먹어 치운다"(근거 없는 희망을 가지

9) 야쿠트인들은 새 둥지에 알이 하나밖에 없을 때는 항상 곯아서 부화되지 못한다고 주장한다.

다), “부잣집 자식은 성질이 못됐고, 있는 집 자식은 성질이 고약하다”, “노예를 거느린 에벤크인 같다”(오만하다), “카자흐인 같다”(성격이 거칠고 악하다).

수수께끼와 속담 외에 민담과 일상사에 관한 짧은 이야기들이 있다. 그것들은 극히 다양한 정보와 간략한 기술과 묘사들을 포함하는 거대한 그룹을 형성하고 있으며, 마치 화가의 스케치북에 그려진 그림들처럼 민중의 기억 속에 깊이 자리 잡고 있다. 거기에는 ‘옛날에 조상들이 어떻게 살았는지’에 대한 어느 정도 믿을 만한, 그리 복잡하지 않은 이야기들이 포함되어 있다.[10] 그리고 마지막으로, 현실 생활을 바탕으로 생겨난 일화들은 보다 더 장황하게 기술되어 있으며, 일부는 전설 같고 일부는 현실적이어서 어느 정도 예술적 가공이 이루어진 것으로 보인다. 후댜코프는 그것들을 ‘사가’라고 부르는데, 야쿠트인들이

---

10) 나는 그런 이야기들을 문헌 자료나 관습과 비교해 보고, 야쿠트인들의 구비전승에 커다란 존경심을 가지게 되었다. 특히 일상의 여러 가지 일들은 아주 정확히 묘사되어 있다. 물론, 이야기 속에 제시되는 사건들은 종종 모호하고 과장되어 있거나 미화되어 있다. 그러나 전반적으로 그 성격은 항상 정확히 전달되고 있으며, 제시되는 세부 사항도 전형적이며 인명이나 지명도 거의 정확하다. 그러나 야쿠트인의 시대 구분은 러시아인들이 도래하기 전과 후의 두 가지 시대만 있는 듯이 보이며, 모든 것이 그것을 기점으로 혼합되어 있다.

특별히 그것을 지칭하는 명칭은 없다. 야쿠트인들은 그것을 드라마적인 요소를 완전히 상실한 짧은 전언과 동등하게 취급해 '사실'(키르디크) 또는 '지나간 일'(빌리르)이라고 부른다. 그것들 가운데 일부는 뛰어난 일상 묘사의 완결된 형식을 갖추고 있기도 하며, 종종 부분 또는 전체가 다른 지방의 보다 상위의 이야기 형식에 포함되어 있는 것을 볼 수 있다. 다음의 예는 그런 '빌리르' 가운데 비교적 완전하며 보다 후기에 형성된 것으로 보이는 것이다.

시랴갸스 – 남 지방의 도망자

뵈쵹 부족 출신의 예고르샤 코파스니코프 공을 아는가? 이 코파스니코프의 조부는 우리 지방 수령 에베르스토프처럼 존경받는 부유한 사람, 지역에서 제일가는 사람이었다. 그의 이름은 티미르-바이타칸이었다. 그에게는 여러 명의 아들들과 쾨길-나히리칸이라는 딸이 있었다. 그에게는 많은 가축과 말뿐 아니라 많은 재산도 있었다. 그는 우순-큐윌에서 멀지 않은 호숫가, 현재 우오이부트-오토흐라고 불리는 곳에 살았다.

그곳에서 북서쪽으로 약 10킬로미터 떨어진 작은 언덕

에는 역시 부자인 이리냐흐 노인이 살고 있었다. 그 지역은 티이-하아타라고 불렸다. 이리냐흐는 알친가 출신이었다. 알친가는 당시 남 지방에서 가장 부유하고 강력한 부족이었지만, 지금은 가난해졌고 숫자도 많이 줄어들었다. 이리냐흐에게는 용감하고 날쌘 아들이 둘 있었다. 큰 아들의 이름은 노로후였고 작은 아들의 이름은 다댜였다. 이 둘은 결혼을 하고 자식을 낳았지만 여전히 아버지의 집에서 지냈다. 그리고 그들과 함께 아직 시집을 가지 않은 여동생 오주나스가 살고 있었다. 이 집안의 사람들은 힘이 세고 성격이 거칠고 불손해 아무도 두려워하지 않았고, 오히려 사람들이 그들을 두려워했다. 그들은 마치 왕처럼 행세했다. 티미르-바이타칸 노인조차 그들과 싸우는 것을 피했다. 그런데 결국 일이 터졌다.

언젠가 바이타칸 노인이 말 떼를 살피다가 2년생 망아지 한 마리를 보고 "훌륭한 말이 되겠구나"라고 말했다. 그리고 사람들에게 그 말을 타 볼 수 있도록 잡아 두라고 했다. 우리 야쿠트인들은 말을 처음 타기 전에 그 말의 나이 수만큼의 날 동안 묶어 두고 굶긴다. 그래서 그 망아지는 바이타칸의 집 마당에 묶여 있게 되었다. 그때 노로후가 노인의 집에 찾아왔다가 그 망아지를 보고는 집 안으로 들어와 앉아서 바이타칸 노인에게 말했다.

"노인장, 내게 저 망아지를 주시오. 간절히 부탁하오."

"안 된다, 아가야. 저 말을 너에게 줄 수 없다. 내가 여러 말들 가운데 저것을 고른 것이고, 좋은 말이 될 것이라고 생각한다. 가지려면 우리 안에 있는 여섯 살짜리 갈색 말을 가져라. 그것도 좋은 말이다."

노로후는 얼굴을 찌푸리고는 잠시 아무런 말도 하지 않았다.

"좋아요. 그런데 주기 싫으면 잠시 살펴볼 수 있게 해 주시오."

"그래, 보아라. 보는 것은 막지 않으마."

노로후는 밖으로 나가 말을 살펴보고 이리저리 만져보는 척하다가 갑자기 왼손으로 말의 갈기를 움켜쥐고 오른손으로 칼을 빼어 잽싸게 말의 콧구멍을 찔렀다. 그러고는 다시 집 안으로 돌아와 앉았다. 잠시 후 마당으로부터 바이타칸의 손자들이 뛰어들어 와 말했다.

"큰일 났어요, 큰일! 우리 망아지가 앞발을 치켜들고 고삐를 묶어 놓은 기둥 주위를 뱅뱅 돌며 날뛰고 있어요. 코에서 피도 나고요."

바이타칸은 뛰어나가 살펴보았다. 아이들이 하는 말 그대로였다. 누구의 짓인지 짐작이 갔다.

노인은 노로후에게 "아가야, 이런 짓을 할 사람은 너밖에 없다"라고 말했다. 옛날에 야쿠트인들은 아무리 화가 나도 나이가 더 어린 사람을 "아가"라고 부르지는 않았다. 노로후는 노인이 화가 났음을 알았지만 아무 말도 하지 않고 앉아 있었다. 노인은 갑자기 망아지도 노로후도 너무 미워졌다.

그래서 "좋은 말, 가장 훌륭한 말이 될 것이라고 생각했는데, 이제 시랴갸스(찢어진 코)[11]가 되었군. 저걸 가지고 가 버려라. 그리고 다시는 내 눈앞에 나타나지 마라!" 하고 말했다.

노로후는 아주 좋아하며 망아지를 가지고 가 버렸다.

그리고 그 망아지는 자라서 그 지역에서 제일가는 말이 되었다. 아무리 달려도 피로를 몰랐고, 속도는 날아가는 갈매기보다 더 빨랐다. 그 말을 바이타칸 노인이 불렀던 대로 찢어진 코라는 뜻의 '시랴갸스'라고 불렀다. 그리고 바로 이 시랴갸스 때문에 두 집안은 그 후 대대로 원수가 된다. 한편, 그 일이 있고 얼마 후부터 바이타칸의 말 떼에서 암말들이 사라지기 시작했다. 그런데 잃어버린 말들의 흔적이 모두 한 방향, 즉 이리냐흐의 집 쪽으로 향해 있었다. 그러나 바이타칸은 종들에게 더 잘 지키라고 명

---

11) 주로 여자에 대해 모욕적인 별명으로도 사용된다.

령만 하고 그냥 참았다. 그러나 그것도 도움이 되지 못했다. 그러자 결국 바이타칸은 집안사람들을 불러 모아 상의했고, 도둑의 집을 수색해 보기로 결정했다. 그런데 도둑의 집으로 찾아가기로 한 전날 저녁, 바이타칸은 그런 상황을 한탄하면서 점을 쳐 보았다.

"어떻게 될까? 아, 오늘 밤에 우리에게 불행한 일이 일어나겠구나! 도대체 무슨 일이 일어날까? 얘들아, 모두들 무기를 확인해라!"

그러나 자식들은 화를 내기만 했다. "도대체 무슨 일이 일어난다는 겁니까? 아무 일도 없을 겁니다. 흰 새가 날아간 것도 아니니, 우리는 살던 대로 살 수 있을 겁니다. 아버지는 공연히 쓸데없는 말을 하십니까?" 그러고는 무기를 확인하지 않았다. 그러자 노인은 침대에서 일어나고 싶은 생각도 없어져 서까래에 둔 반월형 창도 내려놓지 않고 그냥 누워 쳐다보기만 했다. 당시 야쿠트 남자들은 잠자리에 들 때 침대 위 서까래에는 창을 꽂아 두고 침대 머리맡에는 도끼를, 침대 오른쪽 아래에는 칼을 놓아두는 관습이 있었다.

노인은 "이제 될 대로 되라지. 마음도 아프고 등도 아프구나"라고 말하며 잠을 청했다. 그리고 집안사람들은 항상 그랬듯이 대문에 굵은 통나무 빗장을 단단히 걸고 잠자리에 들었다. 그런데 그때 대문을 두드리는 소리가 들렸다.

"거기 누구요?"

"저예요, 쾨필-나히리칸!"

실제로 그 집 딸은 저녁 무렵 이웃집에 놀러 갔다가 돌아오지 않았다. 집안사람들은 여자의 목소리가 들리자 그 말을 믿고 대문을 열어 주었다. 그러자 사람들이 몰려 들어왔다. 그들이 꺼져 가는 모닥불에 버드나무 가지를 던져 넣어 사방이 환해지자, 잠이 깬 집안사람들은 그 불빛 사이로 무장하고 들이닥친 사람들을 볼 수 있었다. 그들은 창을 겨누고 누가 어디에 있는지 살펴보고 있었다. 그리고 잠이 깬 집안사람들이 채 무기를 들기 전에 창으로 찔러 죽이기 시작했다. 그들은 이리냐흐의 아들 노로후와 다댜였다. 겁을 먹고 창문을 통해 도망가는 사람들은 이리냐흐의 딸 오주나스가 이리저리 쫓아가 도끼로 쳐 죽였다. 그렇게 그들은 집안사람 모두를 죽였고, 시신들과 가축을 집과 함께 불태워 버렸다. 집 전체가 잿더미가 되었다. 이 일은 아무도 모르게 이루어졌고, 그들은 후에 자기 집안사람들에게만 그 일을 이야기했다. 그리고 그들은 비밀을 지켰다.

그런데 좋지 않은 소문이 떠돌기 시작했다. 바이타칸

의 불타 버린 집에서 시신들이 발견되었는데, 노인의 시신은 뼈가 부서지고 손가락이 잘려 있었다. 노인이 반월형 창을 들고 오랫동안 싸웠던 것으로 보였다. 마당의 말 매는 기둥에서는 피 묻은 손자국이 발견되었다. 불쌍한 쾨괼-나히리칸이 집으로 돌아왔다가 살인자들을 피해 달아난 것이었다. 사람들은 그것이 이리냐흐 집안이 저지른 일이라고 조심스럽게 말했지만, 그 누구도 대놓고 말하지는 못했다.

한편 이리냐흐의 아들들은 더욱더 거칠고 난폭해져 갔다.

그러던 중에 베튠 지역에 으스아흐 축제가 열리게 되었다. 이리냐흐의 아들들도 축제에 참가했다. 그런데 노로후가 장난삼아 한 야쿠트인에게서 보드카가 담긴 술병을 빼앗았다. 그래서 말싸움이 시작되었다. 그러나 노로후는 그것을 돌려주지 않으려 했다. 그러자 모욕을 느낀 그 사람은 노로후에게 이렇게 말했다.

"노로후, 너는 힘이 세니 네 마음대로 해라! 너는 깡패니 네 마음대로 해라! 너는 네 하고 싶은 대로 하는 놈이니 네 마음대로 해라! 그렇지만 그렇게 하려면, 네가 누구보다도 더 센 사람이어야 할 것이다."

이 말을 들은 노로후는 "난 이미 한 집안을 몰살시켰고,

마구간도 불태웠다. 나보다 강하다고 생각하는 사람은 내 이 긴 손을 보아라"라고 말하고 보드카 병을 높이 치켜들어 보인 뒤 가 버렸다. 아무도 그를 제지하지 못했고 아무 말도 못했다. 그러나 사람들은 그가 바이타칸을 죽였다는 것을 확신하게 되었다. 그 이야기가 도시에까지 퍼졌다. 도시에서 카자흐인들과 관리들이 와서 사람들에게 탐문해 그 일을 조사했다. 결국 이리냐흐의 아들 둘과 딸 오주나스를 잡아갔다.

그들은 심하게 문초를 당했다. 당시에는 지금과 달리 혹독하게 문초했다. 쇠갈퀴로 살을 긁어냈고, 쇠로 된 띠로 머리를 옥죄었고, 얼굴을 불로 지졌다. 그러나 아무도, 딸 오주나스조차 자백하지 않았다. 결국 그들은 성채에서 징역을 살았다. 그러나 1년이 가고 2년이 지나도 자백하지 않았다. 결국 이리냐흐 노인은 자식들이 불쌍해 시랴갸스에게 안장을 매고 금화 두 자루를 싣고 도시로 갔다. 당시 도시에 주지사는 없고 시장만 있었는데, 이리냐흐 노인은 그와 전부터 아는 사이였다. 노인은 곧바로 그의 관저로 찾아가 인사한 뒤에 금화 두 자루를 탁자 위에 쏟아 놓았다. 탁자가 작은 것이 아니었음에도 금화가 탁자를 가득 덮었고 바닥에 떨어져 구르기도 했다. 이리냐흐는 이렇게 말했다.

"제 자식 셋이 오랫동안 무고하게 고통을 당하고 옥살이를 하고 있습니다. 제가 가져온 이 선물을 받고 그들을 풀어 주십시오."

시장은 자리에서 일어나 이리저리 서성대며 생각을 하고 있었는데, 그의 아내가 멀리서 미소 지으며 고개를 끄덕였다. 시장은 마침내 이렇게 말했다.

"노인장, 내게도 처자식이 있으니 이 선물이 유용할 것이오. 그런데, 당신의 자식들이 죄가 있든 없든 풀어 줄 테니 이 돈은 도로 가져가고, 그 대신 아무리 달려도 지칠 줄 모르고 갈매기보다 더 빠르다는 찢어진 코 '시랴갸스'를 내게 주시오."

이리냐흐는 잠시 머뭇거리다가 이렇게 말했다.

"나으리, 그 말은 사람 세 명보다 더 값진 것입니다. 제 자식 세 명보다도 더 귀한 것이죠…. 말을 드릴 수는 없으니, 제 자식들을 풀어 주든 고문하든 마음대로 하십시오. 어쨌든 그들은 죄가 없습니다."

그렇게 말한 뒤 이리냐흐는 금화를 다시 자루에 집어넣고 인사를 한 뒤 가 버렸다. 그러자 시장은 이리냐흐에게 크게 화가 나서 그의 자식들을 더 심하게 고문하게 시켰다. 그러나 그들은 결코 자백하지 않았다. 그들은 결국 죄를 뉘우치지 못하고 죽었다. 이리냐흐 노인은 죽기 직

전에 다른 사람들에게 사실을 이야기했고, 그래서 우리는 무슨 일이 있었는지 알게 되었다. 노인은 부유한 상태, 존경 받는 상태에서 죽었지만, 그의 자손들은 행복을 잃어버렸다. 집안은 점점 가난해졌고, 그 많던 식구도 줄어들어 갔다. 그래서 결국 얼마 남지 않게 되었지만, 남은 사람들도 이상하게 죽어 갔다. 천연두나 기타 전염병이 돌 때면 그 집안을 비켜 가지 않았다. 불행이 끊임없이 그들을 따라다녔다. 얼마 전에는 그 집안의 사람 중 가장 부유하고 존경 받는 사람이 공금을 횡령하고 개처럼 죽었다. 길가에서 그의 시체가 발견되었는데, 술을 너무 많이 마셔 죽은 것이었다. 같은 집안 출신의 또 다른 부자는 스스로 목을 베어 자살했다. 그런 식으로 저주의 힘에 눌려 그 집안의 사람들이 계속 죽어 갔다. 이제 아무도 그들을 존중하지 않으며 믿지도 않는다. 그리고 그 집안을 두고, 나쁜 조상으로부터 나쁜 피를 물려받은 집안은 나쁜 집안일 수밖에 없다고 말한다. 좋은 집안 출신의 아가씨는 어떤 일이 있어도 그 집안에 시집가지 않으려 한다. 사람들은 항상 그 집안의 사람들을 의심의 눈초리로 바라본다. 한편, 티미르-바이타칸의 집안은 점점 더 강해지고 부유해지고 있다. 집안사람들의 숫자도 점점 더 많아지고 항상 행운이 따르고 있다(남 지방, 1891).

이처럼 거의 사실 같은 이야기들 가운데는 감동적인 것도 있고 재미있는 것도 있다. 그런 이야기는 보통 적당한 때에 쾌활한 일상 구어로 말해진다. 그런 이야기의 상세한 부분들은 그 사건을 목격한 사람이라면 더욱 이해가 잘될 것이다. 보통 야쿠트인들은 그런 이야기들을 아주 주의 깊게 들으며, 이야기꾼에게 모든 세부 사항과 상황을 자세하게 이야기해 줄 것을 요구한다. 그리고 야쿠트인들은 길을 가다가 우연히 마주친 사람을 묘사할 때도 그의 옷 색깔, 모자의 형태, 얼굴, 팔다리, 걸음새 등 상세한 특징을 말한다. 간단히 말해서, 아주 잘 만든 미니어처처럼 형상을 정확하고 세세하게 묘사한다. 그렇게 상세하게 묘사하는 것은 아마도 사냥꾼이나 목동이 주변에서 일어나는 모든 현상의 세부 사항까지도 유심히 살피는 습관과 관련이 있을 것이다. 지평선에 나타난 먹구름은 뇌우나 눈보라를 예보하며, 땅 위에 난 희미한 발자국은 짐승 또는 혹시 적일지도 모르는 낯선 사람이 주위에 있다는 것을 말해 준다. 그리고 지표면이 어느 쪽으로든 기울어져 있다면, 그것은 물이 근처에 있을 것이라고 판단할 수 있게 해준다. 민담이나 영웅서사시 등 긴 이야기들도 그런 상세한 묘사들로 가득하다. 보통 주요 배경은 극히 모호하게 묘사되며, 어떤 음모 같은 것은 들어 있지 않거나 있다 해도 극히 단순하게 묘사된다. 또 도덕적 교훈도 마치 끝까지 제대로 다듬어지지 않은 것처럼 불투명하다. 그 대신 그런 배경 위에 풍부한 묘사, 생생하고 독특한 색채가 입혀져, 이야기를 좋아하는 사람들은 마치 모리타니의 아라베스크나 금박을 입힌 룬 문자나 상형문자처럼 전혀 새로운 그 무엇 앞에 서 있는 듯한 느낌을 받게 된다. 그런데 그런 문체나 서술 방식에는 태양이나 열정에 대한 극히 다양한 묘사들이 포함되어 있어, 그것이 여기 북부 지방에서 창조되었다고 보기 어렵게 한다.

민담과 영웅서사시의 문체는 서로 다르며, 단순히 전해지는 이야기들의 문체와도 다르다. '스토리야'는 다름 아닌 야쿠트화된 러시아 민담으로, 다른 장르에 비해 서술 방식에 별 특색이 없다. '스토리야'에는 러시아어 차용어들이 많이 담겨 있으며 행위 묘사도 그리 생생하지 않다. 야쿠트인들은 '스토리야'를 전적인 '사실'은 아니더라도 반쯤은 '사실'인 것으로 생각하는데, "책에 그렇게 쓰여 있고 상인들도 그렇게 알고 있다"는 점을 그 근거로 들기도 한다(남 지방, 1890).

때때로 표트르 대제, 알렉산드로스 대왕 등 역사적인 실존 인물이 '스토리야'의 주인공이 되기도 하며, 왕자 이반, 바보 이반, 불새, 용왕 등에 관한 '스토리야'는 널리 알려져 있다. '스토리야'는 진정한 야쿠트식 민담인 '콥숸'과 아주 유사하다. 그리고 양자의 모티브는 종종 분리가 불가능할 정도로 서로 뒤섞이고 혼합되어 있다. 종종 이야기의 절반은 순수 야쿠트 모티브이고 나머지 절반은 러시아식 '스토리야'인 경우도 볼 수 있으며, 러시아식으로 시작되어 야쿠트식으로 끝나는 경우도 있다. 또한 러시아 이야기와 야쿠트 이야기의 일부가 뒤섞여 있기도 하고, 모티브와 인물, 성격을 상호 차용한 경우도 있으며, 인명 등 명칭만을 차용한 경우도 있다. 야쿠트화된 러시아 민담인 '스토리야'와 영웅서사시 올론호 간의 차이는 야쿠트식 민담 '콥숸', 특히 야쿠트 동물담에서 가장 극명하게 드러난다. 후댜코프와 보리소프[12]는 베르호얀스크 지방에서 야쿠트인들이 철새를 보고 집이 들어설 곳을 탐색하고 결정하는 과정을 그린 '콥숸'의 세 가지 각본을 채록했다. 나도 남 지방에서 동일한 '콥숸'을 들었지만 기록해 두지는 않았다. 후댜코프가 '쇠오리와 독수리'라는 제목으로 채록한 것과 똑같았기 때문이다.[13] 대신 나는 남 지방에서 새들

---

12) (옮긴이 주) E. D. 보리소프(Е. Д. Борисов): 1880~1881년에 베르호얀스크 지방에서 유형 생활을 하면서 다양한 민담을 채록했으며, 그것을 포타닌이 출판했다.

과 네발짐승들 간의 전쟁에 관한 재미 있는 동물 서사시의 일부를 채록했다. 이 이야기는 비교적 후기에 발생한 긴 러시아 이야기의 서론과 비슷해 자동적으로 해당되는 러시아 이야기를 연상시킨다. 그 이야기를 그런 종류의 야쿠트 창작물의 예로 제시한다.

쥐의 우두머리 '골로바',[14] 그리고 새들과 네발짐승들 간의 전쟁

쥐들이 세상의 중심, 지구의 배꼽에 살기로 하고, 넓은 성을 짓고 대문을 만들고 90칸의 창고와 80칸의 저장고를 지었다. 그렇게 한 것은 76마리의 쥐였으며, '골로바'는 그중 67번째 쥐였다. 그들은 80칸의 저장고에 풀뿌리와 각종 식물을 가득 채웠고, 90칸의 창고도 먹을 것으로 가득 채웠다. 그리고 겨울을 나기 시작했다. 그러나 평화는 오래가지 못했다. 저장된 식량을 분배하면서 분쟁이 나기

13) 나는 그 이야기를 들으면서 후댜코프의 책과 대조해 보았다.

14) (옮긴이 주) 원문에는 그냥 '쥐의 우두머리'라고 표현되어 있으나, 독자들이 구별하기 쉽도록 우두머리라는 뜻의 러시아어 '골로바'를 고유명사처럼 사용한다.

시작했다. 그래서 이를 갈며 서로 미워해 쳐다보지도 않는 사이가 되었고, 따라서 새끼도 낳지 못했다. 앞 다투어 창고를 습격해서 저장된 식량을 다 먹어 치웠고, 상처 입고 배고픈 채로 각자 제 굴 속에서 말라 갔다. 다시 봄이 왔고 먹을 것이 생기기 시작했다. 그리고 다시 식량을 저장하기 시작했다. 이제 좀 더 현명해져, 지난겨울 같은 일이 생기지 않도록 마을을 만들기로 했다. 회의가 소집되어 '대공'을 선출했고, 10인장들도 임명되었다. 그리고 함께 일하며 살았다. 창고를 다시 가득 채웠고, 쥐들은 모두 살쪄 갔고 털도 매끈하고 아름다워졌다. 그렇게 배부르고 즐겁게 겨울을 지냈다. 다시 봄이 와서 따뜻해졌고 눈이 녹기 시작했다. 그런데 니콜라의 날[15)]이 지나자 강이 범람해 홍수가 났다. 80칸의 저장고가 무너졌고 90칸의 창고도 떠내려갔으며, 넓은 성도 높은 대문도 물에 잠겼다. 사방에 물만 가득했다. 겁먹은 쥐들은 성벽의 가장 높은 곳으로 올라가 물에 젖은 채로 앉아 있었다. 그러나 곧 그

---

15) (옮긴이 주) 니콜라의 날(성 니콜라이 축일): 성 니콜라이(270~345)를 추념하는 날로 봄(5월 9일)과 겨울(12월 6일)에 있다. 여기서는 시베리아 지역의 강이 해빙되는 봄의 니콜라의 날을 의미한다. 성 니콜라이는 기적을 행하는 자, 선원의 수호자, 상인의 수호자, 아이들의 수호자로 여겨진다.

곳까지 물이 덮쳐 모두 물에 떠내려갔다. 모두들 살 길을 찾아 발버둥을 쳤다. 골로바도 헤엄을 쳐 살아 보려 했지만, 죽음의 문턱에 거의 가까이 갔다. 그때 우연히 골로바는 '대공'을 만나 그의 몸 위로 기어 올라갔다. 골로바는 안도의 숨을 쉬고 대공의 몸을 타고 갔다. 그런데 골로바는 살이 쪄 몸이 무거운 쥐였다. 대공은 계속해서 그를 태우고 갈 수 없어서, "존경하는 골로바! 이제 힘이 빠져 더 이상 이렇게 갈 수 없소! 이제 숨이 차니 내 몸에서 내려가 주시오"라고 말했다. 그러나 골로바는 "어떻게 내려가지? 내려가면 내가 죽는데"라고 대답하고 그대로 있었다. 둘은 물에 휩쓸려 엎치락뒤치락하기 시작했다. 그 와중에 골로바가 대공의 몸 위에 있기도 했고 대공이 골로바의 몸 위에 있게 되기도 했다. 그들은 계속 물에 휩쓸려 북쪽으로 떠내려갔다. 그러다가 그들은 쥐 한 마리가 디디고 올라설 만큼만 물 쪽으로 튀어나온 높고 평평한 바위 쪽으로 떠내려갔다. 골로바는 그곳으로 뛰어 올라갔다. 대공은 그렇게 할 수 없어 골로바에게 도움을 청했다. 그러나 골로바는 "나를 제대로 태우고 오지 못했으니 네 운명을 찾아가라"라고 말하면서 막대기로 그를 멀리 밀어냈다. 그러자 대공은 빠른 물살에 쓸려 북쪽으로 떠내려갔다. 골로바는 바위 위에 혼자 남게 되었고, 거기서 오랫동안 버티다가 결국 의식을 잃고 숨결도 동물의 발에 난 터럭만큼 이나 가늘어졌다. 고통은 극심해졌고 죽음이 다가왔다. 땅도 흔들렸고 태양도 흔들려 보였다. 그는 간신히 목숨이 붙어 있는 상태로 누워 있었다. 그래도 혹시나 하는 마음에 귀를 열고 무슨 소리가 들리지 않나 듣고 있었다. 그때 갑자기 누군가 다가와 말했다. "아, 골로바! 세상의 중심, 지구 배꼽에 넓은 성과 75명의 친구가 있는 골로바 아닌가요? 이게 무슨 일입니까? 어떻게 여기까지 왔지요?" 골로바는 "내가 누군지 알고 있는 너는 누구인가?" 하고 물었다. "나는 입이 뾰족한 돌쥐입니다"라는 대답이 들렸다. 그러자 골로바는 "나를 든든하게 지켜 주고, 두꺼운 이불로 덮어 주고, 따뜻한 음식을 먹여 주고, 세상일을 알려 주고, 밝은 태양을 보여 주게!" 하고 부탁했다. 그러나 돌쥐는 "아, 골로바! 참 안된 일이지만, 당신이 너무 무거워서 도와줄 수가 없어요. 일으켜 줄 수가 없습니다"라고 말했다. 이에 골로바는 "나를 데려가 줘, 버리지 마"라고 애원했다. 그러자 돌쥐는 "내 고향은 멀지요. 하늘 저쪽 산이 보이는 곳, 80개의 절벽과 90개의 계곡 너머 풀의 바다 가까운 곳에 내 고향, 내 땅, 내 집이 있지요! 원하신다면 내 꼬리를 잡으세요"라고 말했다. 그래서 골로바는 입으로 돌쥐의 꼬리를 물고 앞발은 돌쥐의 등에 올려놓았다.

돌쥐는 그를 끌고 갔다. 그들은 21일 동안 그렇게 갔고, 발톱이 20개가 부러지고 발바닥이 네 번이나 갈라졌으며 뱃가죽이 찢어져 맨살과 하얀 뼈가 드러났다. 그들은 그렇게 산을 넘었다. 마침내 돌쥐가 이렇게 말했다. "골로바, 내가 당신을 약속한 곳까지 끌고 왔으니 이제 나를 놓아주시오! 그렇지 않으면 둘 다 죽을 겁니다. 이제 죽으려면 죽고 살려면 사시오. 난 더 이상 당신을 끌고 가지 못하겠어요. 이제 힘이 없습니다. 날 놓아주시오!" 그러자 골로바는 "친구야, 나도 널 놓아주고 싶어. 그렇지만 훌륭한 사람은 안장이 갖추어진 말, 경호원, 그리고 가까운 사람들이 있는 곳에서 죽지. 그런데 여기 검은 까마귀들이 깍깍거리는, 여기 검은 절벽 너머 검은 타이가에 나를 버리겠다고? 난 널 놓아주지 않을 거야"라고 대답했다. 그러나 그동안 돌쥐는 골로바를 끌고 80개의 절벽과 90개의 계곡, 70개의 언덕을 지나왔고, 그 과정에서 골로바는 뱃가죽이 다 찢어져 나갔고 살점이 다 떨어져 나갔으며 풀을 소화할 수 있는 위장만 남아 있었다. 힘도 없고 의식도 희미해졌다. 결국 골로바는 돌쥐를 놓아주었다. 그리고 골로바는 많은 날을 거기 그대로 엎드려 있었고, 마침내 눈을 떠 솟아오르는 해를 보고 정신을 차렸다. 그리고 가까운 곳에서 풀 냄새가 풍겨 오자 허기를 느꼈다. 풀을 먹자 힘이 돌았다. 골로바는 이틀 동안이나 그렇게 엎드려 꼼짝도 하지 않고 풀을 먹었다. 위가 가득 차니 몸이 회복되어 갔다. 찢어져 나간 가죽도 새로 생겼고, 살도 돋아났으며 짙은 회색의 털도 자라났다. 눈도 잘 보이게 되었고 의식도 뚜렷해졌다. 그리고 '무슨 일이 일어날까? 누군가 찾아올까? 아무도 오지 않을 거야. 여기보다 더 좋은 곳, 여기보다 더 따뜻한 곳은 없을 거야! 좀 쉰 다음에 여기서 죽어도 되겠다. 전에는 내가 나쁜 생각도 많이 하고 나쁜 짓도 많이 했지! 이제는 혼자이니 좀 잘 살아야겠다. 난 너무 넓은 집에서 너무 부유하고 호화롭게 살았었어' 하고 생각했다. 그는 많은 창고를 짓지 않고 그냥 굴만 파서 거기서 지냈다. 풀과 각종 식물의 뿌리를 모아 먹고 살았다. 그러던 어느 날 아침, 홍방울새가 날아와 앉아 물었다.

"세상의 중심, 지구의 배꼽에 위치한 높은 대문이 달린 커다란 성에 80칸의 창고와 90개의 저장고를 가지고 살던 쥐의 우두머리여, 안녕하신가? 그런데 어쩌다가 여기로 왔고 무슨 일이 있었는지 말해 주겠나?"

"안녕, 홍방울새야! 그런데 나를 아는 너는 누구인가?"

"나는 날아다니며 풀과 나무의 즙을 먹고 사는 홍방울새야. 내가 사는 곳은 하늘에 있지! 땅 위에 함께 살던 동족을 잃고 하늘에서 살고 있어. 여기서 오래 살고 있는 것으로 보이는데, 먹을 것을 좀 줘!"

"너는 꽃의 꿀과 즙을 먹고 사니 내가 먹는 풀뿌리가 싫을 수도 있겠지만, 그거라도 먹겠다면 앉아!"

홍방울새는 앉아서 주는 것을 먹고 잠시 쉰 뒤에 말했다. "골로바, 네가 나에게 먹을 것을 주었으니, 이제 내가 너에게 먹을 것을 주지!" 그러고는 날아갔다가 나무의 진과 꽃의 즙, 풀의 기름을 가져왔다. 골로바는 그것을 먹어 보고는 아주 맘에 들었다. "이게 진짜 음식이지! 멍청하게 나는 그동안 풀뿌리만 먹었어! 홍방울새야, 이것을 어떻게 구하는지 알려 줘라!" 이에 홍방울새는 "그럼 함께 일하자. 너는 풀과 나무의 뿌리를 구해 와. 그것도 필요하니까. 나는 꽃의 꿀과 즙을 구해 오지"라고 말했다. 골로바는 "그렇게 훌륭한 음식을 먹을 수 있다면 물론 그렇게 하지"라고 대답했다. 그래서 그들은 함께 살기 시작했다. 그리고 꿀, 나무의 진 등 맛있는 것을 먹고 살았다. 홍방울새는 노래하며 이리저리 날아다니면서 계속해서 골로바에게 "좋아? 맛있어? 내가 아니었으면 넌 이렇게 맛있는 것을 먹어 보지도 못했을 거야"라고 말했다. 골로바는 잠자코 식량을 저장했다. 그들은 세몬의 날[16]까지는 잘 지냈

16) (옮긴이 주) 세몬의 날(성 시몬의 날): 시리아에 살며 돌탑을 세우

다. 그런데 세묜의 날부터 이반의 날[17)]까지 눈이 내렸다. 꽃이 시들고 나무와 풀에서 진이 나오지 않게 되었다. 그래서 홍방울새는 집으로 먹을 것을 가져오지 못했고 배고픈 채로 날아다녔다. 골로바가 홍방울새에게 먹을 것을 주어야 했다. 그런데 골로바는 음식이 아깝다는 생각을 하기 시작했다. '나 혼자라면 겨우내 배불리 먹을 수 있을 텐데, 어찌될지 모르겠군!' 그 후로 골로바는 홍방울새에게 화를 내고 게으르다고 욕하기 시작했고, 결국 새를 쫓아냈다. 홍방울새는 울면서 사방이 눈으로 덮여 있고 바람에 모든 것이 얼어붙어 먹을 것을 찾을 수 없다고 하소연했다. 그리고 "내가 죽기를 바라는 거야? 내가 어디로 갈 수 있겠니? 아무 데도 가지 않을 거야. 여기 그냥 머물겠어"라고 말했다. 그러자 골로바는 "계속 그렇게 말을 듣지 않고 가지 않겠다는 거지"라고 말하고서 홍방울새를 움켜잡아 땅에 패대기치고 심하게 패고 발로 짓밟은 뒤에

고 거기에서 머물렀던 것으로 유명한 주상성자 시메온(390~459)을 기념하는 날로 9월 14일에 해당된다. 러시아에서는 14세기부터 18세기 초까지 이날이 한 해가 시작되는 날로 기념되었으며, 여름이 끝나는 날로 여겨지기도 했다.

17) (옮긴이 주) 이반의 날(사도 요한의 날): 사도 요한을 기념하는 날로 12월 27일에 해당된다.

문밖으로 내던졌다. 그리고 "이 빠르기만 하고 쓸모없는 놈, 다리 두 개 달린 족속 가운데 걸레 같은 놈, 날아다니는 개야. 넌 사람보다 나을 게 없어"라고 말했다. 이에 홍방울새도 "이빨 툭 튀어나온 쥐새끼야! 넌 그렇게 개처럼 살아라. 난 죽으니, 넌 그렇게 살아라"라고 대꾸하고는 의식을 잃었다. 골로바는 더 이상 아무 말도 하지 않고 문을 잠그고 둥지에 누웠다. 홍방울새는 기절한 채 쓰러져서 '이제 죽는구나'라고 생각하고 있었는데, 갑자기 어떤 목소리가 들렸다.

"너는 누구냐?" 홍방울새는 간신히 숨을 쉬며 물었다. "나는 철새인 홍방울새야"라는 대답이 들렸다. 홍방울새는 "날 좀 살려 줘"라고 말하고서 있었던 일을 이야기했다. 철새 홍방울새는 그 홍방울새를 부축해 동료들에게 데려갔다. 철새 홍방울새들은 즉시 회의를 열었고, 홍방울새에게 자초지종을 물었다. 홍방울새는 있었던 대로 이야기했다. "전에 세상의 중심에 있는 커다란 성에 살았던 골로바라는 쥐와 협력하기로 약속하고, 나는 꿀과 나무의 진, 꽃을 모았고, 그는 풀과 나무뿌리를 모았습니다. 우리는 즐겁고 행복하게 살았지요. 우리는 내가 모아 온 것을 먹었고, 그가 모아 온 것은 저장해 두었습니다. 그런데 겨울이 되자 그는 나를 때려 쫓아냈습니다. 이게 옳은 일인가요? 나쁜 놈 아닌가요?" 철새 홍방울새들은 "나쁜 놈이지, 나쁜 놈! 저 이빨 튀어나온 네발 달린 쥐가 우리 동족을 모욕했는데 그냥 둘 수 있겠는가? 그 녀석이 쥐들의 우두머리라고는 하나, 우리에게 윗분이 있듯이 그보다 더 높은 존재가 있지 않겠는가"라고 입을 모았다. 그리하여 까막딱따구리 공이 딱따구리에게 지시했고, 다시 딱따구리가 서기인 까마귀에게 시켜 소장을 쓰게 했고, 어치가 그것을 골로바에게 전달했다. 그리고 오리, 백학, 백조, 거위 등 크고 작은 모든 날짐승이 모여 회의를 했다. 새들은 쥐를 불러 상황을 파악하고 형을 선고하기로 결정했다. 새들의 우두머리가 쥐들에게 쥐의 우두머리 골로바를 잡아 데려오든지 아니면 직접 벌을 주라는 내용의 문서를 보냈다. 그러나 쥐들은 그가 자신들의 우두머리이므로 그를 심판할 수 없다고 대답하며, 아무도 문서를 접수하려 하지 않았다. 그러자 새들은 문서를 네발짐승의 우두머리인 토끼에게 보냈다. 그들의 마을은 장로인 여우, 공작인 늑대, 서기인 곰으로 이루어져 있었는데, 그들 역시 쥐 골로바를 처벌할 수 없다고 했다. 그들은 "홍방울새는 떠돌이로, 스스로 쥐에게 간 것이고, 쥐가 홍방울새에게 먹을 것을 주어 배를 채워 주었는데도 이제 와서 우리 동족을 원망하고 있다"고 말했다. 그리고 문서를 새들에게 돌려보냈다. 이에 분개한 새들은 심하게 맞은 동료를 데리고 새들의 대왕 '엑세큐'에게 찾아갔다. 그들은 청원서를 제출하고 피해자를 보여 주며 말했다. "우리의 왕이시여, 쥐가 우리 동족에게 어떤 모욕을 주었는지 보십시오!" 그리고 상황을 설명하고 피해자의 멍과 상처를 보여 주었다. 그리고 "학식 높고 지혜롭고 주관이 뚜렷해 현명한 판단을 하시는 대왕이시여, 대왕님의 엄격한 명령과 법률로 심판해 주십시오" 라고 청원했다.

엑세큐는 서기인 까마귀를 네발짐승의 왕인 사자에게 보내 편지를 전달해서, 죄지은 자를 처벌해 줄 것을 요청했다. 사자는 편지를 읽고 나서 몹시 분노했다. 노란 털과 갈기가 모두 곤두섰고, 발톱을 세우고 이를 갈며 비웃듯이 말했다. "에이! 지혜롭고 주관이 뚜렷해 현명한 판단을 하시는 새들의 대왕이 우리를 무시하고 우리에게 이 하찮은 일을 심판하라고 명령하는구나. 그렇게는 하지 않을 것이다!" 까마귀는 돌아와서 거절당했음을 전했다. 그리고 들은 말에다 자신의 생각을 덧붙여 말했다. "이 땅에 태어난 자들을 못살게 굴고 태양 아래 돌아다니는 자들이 마음껏 숨 쉬지도 못하게 하는 네발짐승의 대왕이 '목젖도 없는 것들, 저주받을 울루-토욘의 자식들이 그런 하찮은 일로 나를 귀찮게 하는구나'라고 말했고, 청원을 받아들이지 않았으며 재판도 하지 않았습니다." 이 말을 들은 엑세큐는 화가 났다. 그래서 자신의 검은 도시, 은으로 만든 집에서 나와 파란 하늘 아래 하얀 구름보다 더 높이 날아올랐고, 양 날개를 힘차게 저어 번개처럼 빨리 사자에게 날아갔다. 사자 역시 천하장사 곰과 네발의 전사 늑대 등 자신의 막강한 군사들을 불러 모았다. 엑세큐가 날아와 언덕 위에 내려앉아 말했다.

"잘 있었나, 사자여!"

"어서 오시오, 날짐승의 아버지여! 무슨 일로 오셨는가?"

"나는 너의 힘이 어떤지 알아보러 날아왔다. 널 죽이러 왔다!"

그러자 사자는 포효하고 이빨을 드러내며 엑세큐에게 달려들었다. 늑대들과 곰들도 새들을 공격하기 시작했다. 이 모습을 보고 엑세큐가 크게 소리치고 입김을 후 불자 사자의 군사들은 마치 안개가 스러지듯이 모두 흩어졌다. 그러나 사자는 "나의 군대가 사라지고 이제 나만 남았구나! 자 싸워 보자"라고 소리치고는 튀어 올라 공중에서 몸을 회전시켜 꼬리 끝의 둥근 부분으로 새들의 대왕을 가격해 날개 하나와 갈비뼈를 부러뜨렸다. 그러나 부상을 당한 엑세큐도 물러서지 않았다. 그들은 격렬하게 싸웠다.

그러자 여덟 개의 바다와 아홉 개의 대양이 심하게 요동쳤으며, 그 너머의 산들도 무너져 내렸다. 그때 물고기들은 깊은 숲 속으로 도망쳤고, 검은 숲의 짐승들은 바닷물 속으로 숨었다. 주위의 모든 것이 파괴되었고 물속으로 가라앉아 버렸다. 그곳으로부터 아주 먼 곳에 사는 사람들과 가축들만 온전하게 살아남았다. 엑세큐와 사자는 그렇게 오랫동안 싸웠고, 마침내 엑세큐가 사자의 목을 잡아 뜯어 버렸다. 그러자 사자는 크게 소리를 한 번 지르더니 죽어 버렸다(남 지방, 1891).

'큅쉰'의 형식은 '스토리야'의 형식보다 더 고정적이다. 스토리야의 경우에는 단순히 자신의 말로 바꾸어 전달할 수 있지만, 큅쉰에는 수많은 고어적 표현과 이야기체 문구들이 포함되어 있어 반드시 그것을 암기해야 한다. 그런데 그런 표현과 문구들의 대부분이 모든 이야기에서 동일하기 때문에 암기하기가 그리 어렵지 않다. 그런 상황은 올론호에서도 마찬가지다. 이 점에 대해서는 미덴도르프도 언급한 바 있다.

가장 널리 알려진 큅쉰 가운데 내가 알고 있는 것은 '차르차한과 친구들',[18] '다섯 마리의 암소가 있는 꼬부랑 할머니', '올론-돌론'[19] 등이다. 앞의 두 가지는 아주 널리 퍼져 있고, 마지막 이야기는 그보다는 덜 알려져 있지만 이것 역시 후댜코프가 채록한 재미있는 이야기인 '우라니칸 노인'보다 더 널리 알려져 있다. '우라니칸 노인'이라는 이야기는 내가 여러 이야기꾼들에게 물어보았더니 단 한 사람만 안다고 대답했으나, 그 역시 이야기를 잘 못했다.

쾹쇤은 영웅서사시 '올론호'에 비해 더 간결하고 현대적이며 주제도 세속적이고 언어도 단순하다. 쾹쇤은 노래로 불리지 않는다. 리듬이 잘 맞는 부분, 시구로 이루어진

---

18) 차르차한, 그리고 킬-큐오마이-키시(목구멍에 털 난 사람), 시비르다흐-튜오스-키시(가슴에 나뭇잎이 난 사람), 시티간-오튜크-키시(넓적다리가 썩은 사람), 하바흐-마이이-키시(머리가 거품인 사람), 오트-아타-키시(다리에 풀잎이 돋은 사람), 오트-시알리-키시(풀잎으로 만든 바지를 입은 사람). 나는 이 이야기를 콜리마 지방, 남 지방, 바야간타이 지방에서 들었다. 이 이야기의 슈제트는 러시아 이야기의 해당 구조를 연상시킨다. "나도 거기에 있었다. 꿀과 포도주를 마시려 했지만 입가로 흐를 뿐 입안으로 들어가지 않았다. 나는 유리 장화를 신고 있었는데, 발을 구르자 깨져 버렸다. 그리고 버터로 만든 옷을 입고 있었는데, 불을 쬐자 녹아 버렸다. 그래서 벌거벗은 채로 대포에 숨었는데, 대포를 발사했다. …" 내가 남 지방에서 들은 각본에는 '풀잎으로 만든 바지'가 '버터로 만든 바지'로 교체되어 있었다. 이 이야기를 끝까지 기록하지는 못했지만, 내가 기억하는 한, 후댜코프가 채록한 것과 거의 차이가 나지 않는다.

19) 몽골어 단어이며, 7이라는 '다수'를 의미한다.

부분이라 해도 그렇다. 그런데 포함된 일정 부분이 올론호로 취급되어 노래로 불러지는 쾹쇤도 있기는 하다.[20] 쾹쇤과 올론호의 내적 관계는 더욱 밀접하다. 이 두 가지 장르에 속하는 이야기들에 등장하는 인물들이 동일한 경우도 종종 있다. 그런 것으로 '영예로운 피 나는 눈', '장식물-노파', '조언-대화-노인', '배꼽에 다리가 세 개 달린 하늘의 동물', '전설의 새 엑세큐', '철로 된 삼각기둥 모양의 뱀 모고이', '먹깨비 만기' 등과 '유륭-아이-탄가라와 울루-토욘' 및 그와 유사한 이야기들을 들 수 있다. 올론호에는 쾹쇤에 비해 이런 신화적 이야기들이 더 많이 섞여 있다. 그리고 미녀에 대한 묘사, 용사의 전투 묘사, 신기한 집이나 새 또는 괴물에 대한 묘사 등 수많은 단어, 문장 또는 문단들이 쾹쇤과 올론호에 동일하게 사용되기도 한다. 그러나 그럼에도 불구하고 쾹쇤과 올론호는 나름대로의 문체를 가지고 있다. 야쿠트인들은 이야기꾼이 쾹쇤에 불필요하게 올론호식 문체를 사용하거나 두 가지 장르를 혼합하면, 그것을 그가 멋을 모른다는 징표라고 여긴다(남지방, 1890).

---

20) 후댜코프 모음집의 일곱 번째 이야기 '할머니와 할아버지'가 그런 것에 해당된다.

올론호는 야쿠트 민중 창작 장르 가운데 형식이 가장 잘, 완전하게 확립된 장르이며, 따라서 올론호에는 개인의 창작이 들어설 여지가 별로 없다. 그리고 올론호는 두운과 시구들로 가득하다는 점 때문에, 정확히 소리 내고 문자 그대로 전달해야 한다. 올론호에는 이미 사용되지 않지만 의미는 완전히 상실하지 않은 고어 단어들, 몽골어 단어들(특히 용사의 직위나 말의 이름), 퉁구스어나 기타 다른 민족어 단어들이 아주 많이 포함되어 있다. 그런 것으로 두우라, 쿠둑, 소다스, 수르구이, 슐류갸스, 도미 등의 단어를 들 수 있는데, 이야기꾼들도 그 의미를 모르지만 알려진 문구 그대로 반복하는 것을 고수한다. 이 문구들을 잘 알려진 '미사여구'들과 혼동해서는 안 된다. '미사여구'란 시의 길이나 특징 강화를 위해 허용되며 문법의 제약을 받지 않는 삽입 어구, 반복 어구를 말한다. 앞에 제시한 야쿠트어 단어들은 과거에 영웅서사시가 여러 지역에 걸쳐 전승되었다는 점을 말해 주는 흔적들이라고 볼 수 있다. 야쿠트 영웅서사시에서 용사들의 개인적인 특징은 자세히 묘사되지 않으며 거의 동일하다. 그러나 자연은 때때로 아주 독특하게 묘사되며, 사건의 세부 사항에 대해서는 항상 예술적인 순수성과 우아함을 갖춘 묘사가 이루어진다. 현재로서는 야쿠트 영웅서사시의 발생과 친연성에 대한 결론을 내리기 어렵다. 아직 많이 연구되지 않았고 많이 채록되지도 않았기 때문이다. 또한 투르크 연구자들 가운데 야쿠트어를 잘 아는 사람도 드문 상황이다. 일부 야쿠트 영웅서사시는 인물들의 동일성 또는 주인공들의 혈연적 관계로 연결된 완전한 사이클을 이룬다. 그런 것으로서 후댜코프가 채록한 '한자르기스타이' 사이클을 들 수 있다. 한편, N. 고로호프[21]는 그 사이클의 전반부인 '유릉-욜란'이라는 올론호 각본에 대한 주석에서, 그것이 자신이 알고 있는 올론호 가운데 가장 유명하며 가공이 잘된 것이라고 했다. 그런 복잡한 올론호는 며칠 저녁에 걸쳐 이야기가 계속된다. 후댜코프에게 많은 이야기들을 제공한 적이 있는 베르호얀스크의 유명한 이야기꾼 만차리는 한 달이나 계속 이야기할 수 있는 올론호를 알고 있다고 내게 자랑하기도 했다(베르호얀스크 지방, 1881).

대부분의 경우 올론호의 소재가 되는 것은 자신의 운명을 찾아 세상을 돌아다니는 용사가 겪는 모험, 싸움, 성공, 실패 등이다. 때때로 용사는 누이, 형제, 친구, 아버지

21) (옮긴이 주) 니키타 세묘노비치 고로호프(Никита Семёнович Горохов, 1847~1895): 야쿠트 올론호를 최초로 러시아어로 번역한 학자로, 1884년에 "유릉 욜란"(야쿠트 이야기)이라는 올론호(영웅서사시) 번역을《러시아 지리학회 동시베리아 지부 소식지》에 게재했다.

를 위한 복수의 의무를 이행하기 위해, 때로는 이민족들 사이에서 신붓감을 찾기 위해 집을 떠난다. 때로는 아무 이유 없이 집을 나서기도 한다. 그렇게 명확한 이유 없이 그저 '자신의 뼈와 근육이 얼마나 강한지 시험해 보기 위해' 집을 떠나는 것이다.

'베르-하라'라는 제목의 올론호 주인공으로 야쿠트인이 바라는 모든 능력을 다 갖춘 베르-하라도 역시 그렇게 행동한다. 그는 자신의 행운을 시험한다. 매일 아침과 저녁 해가 뜨고 지는 시간에 날카로운 칼을 높이 빼 들고 집을 나서며, 높은 하늘에게 불행을 내려 줄 것을, 넓은 하늘에게 벌을 내려 줄 것을, 경외의 대상인 하늘에게 피의 패배를, 서쪽 하늘에게는 자신을 망하게 해 줄 것을 기원한다. 그리고 그런 일이 일어나지 않으면, 스스로 불행을 찾아 나선다. 불, 철, 물로 자신의 운명을 시험하지만 아무런 해를 입지 않는다. 그는 결국 따분해져 '이제 내가 기대할 것은 아무것도 없노라'라고 말하고서 때마침 불어온 바람을 맞고 죽는다.

영웅서사시의 주인공에게는 항상 '용사'라는 칭호가 붙는다. 그는 여러 가지 비범한 능력과 빼어난 용모를 갖추고 있다. 그는 여행길 초반에는 자만해서 쉽게 속고 걸핏하면 싸움을 하며, 그 대가를 치른다. 그러다가 힘겨운 고

난을 이겨 낸 뒤에야 승리자로서 고향으로 돌아온다. 영웅서사시에서 그런 용사를 '날쌘 우란하이 사람', '하얀 신의 사랑하는 아들', '숨을 몰아쉬는 야쿠트인' 등으로 부르는데, 이야기꾼과 청중들의 사랑을 한 몸에 받는다. 용사의 적으로 등장하는 것은 대단히 크고 추악한 몸에 성격이 포악하고 교활한 귀신인 '아바시'다. 영웅서사시에 등장하는 '아바시'를 무속의 '아바시'와 혼동해서는 안 된다. 서사시에 등장하는 '사악한 영웅'이 종종 울루-토욘이나 무당과 혈연관계를 가지고 있고 그들에게 호소하는 장면이 등장하기도 하지만, 나는 올론호의 귀신들의 이름이 무속의 귀신의 이름으로 나타나는 경우를 보지 못했다. 서사시에서 '착한 영웅'이 창조신에게 호소하는 것과 그에게 공감하는 백샤먼에게 호소하는 경우도 동일한 맥락으로 보아야 한다. 이 문제에 대해 내가 여러 무당에게 물어보았는데, 그들은 모두 "우리 아바시(귀신)와 올론호의 아바시는 서로 다른 겁니다"라고 대답했다(남 지방, 1890).

위 두 가지를 혼동하는 것은 슬라브 판테온에서 '투가린', '이돌리슈', '포가니', '고리니치', '샤르카'를 '마리차' 또는 '렐륨-폴렐륨'과 같은 선상에 놓는 실수와 동일한 것이다.

올론호의 아바시는 야쿠트인의 적인 사람들이다. 그들

은 여자를 차지하기 위해 주인공과 싸우거나 주인공의 가축을 약탈하기도 하며, 재산, 집, 가축을 소유하고 있다. 그들의 성품도 주인공과 별다르지 않다. 양자 모두 교활하고 화를 잘 내며 탐욕스럽고 냉정한데, 이야기꾼은 그들 가운데 한쪽만 좋아하고 나머지 한쪽은 싫어한다. '한-자르기스타이'라는 올론호에서는, 아바시로 등장하는 '엑슈쿨랴흐 바키스타이'는 착한 주인공과 오랫동안 싸운 끝에 평화조약을 맺으며, 그들은 우정과 화합 속에 함께 살게 된다. 그리고 그들의 일하는 능력, 해낸 일의 결과, 걸음 속도, 사냥의 성과, 깨끗한 양심, 온화한 사고, 지혜, 기억력 등 모든 것이 다른 사람들보다 뛰어났으며, 그들은 사람들이 놀랄 정도의 우정을 보여 주었다. 그들은 서로에게 귀중한 존재가 되었다. 한 사람이 늦게 돌아오는 경우에 다른 한 사람은 '내 친구에게 무슨 일이 있는 것인가?' 하고 염려하며, 잠자지 않고 기다렸다. 그들은 풍족하고 부유하고 행복하게 잘살고 있다.

이 아바시들의 외모와 무기는 야쿠트인들의 외모나 무기와는 다른 이국적인 것이지만, 어쨌든 인간의 것이다. 몇몇 올론호에서는 아바시를 누차(러시아인), 호로 또는 오묵(퉁구스인)이라고 부르기도 한다. 선한 귀신과 악한 귀신, 그리고 '흰 우유로 된 왕좌에 오르는 하얀 창조주' 또는 '극히 존경하는, 지극히 위엄 있는, 몸을 떨며 잠을 깨는 울루-토욘' 등의 신들과 그들의 종 및 친척이 되는 귀신들이 야쿠트 올론호에서 하는 역할은, 일리아드에 등장하는 그리스 신들의 역할처럼 독특하다. 그들은 자신이 사랑하는 사람들의 일에 관심을 두고 조언하고 그들을 도와주며, 무기와 말을 주고 상처를 치료해 주거나 생명을 돌려주기도 하지만, 사람들의 운명을 근본적으로 바꾸어 놓지는 못한다. 야쿠트 영웅서사시의 근저에는 신들보다 더 강력한 그 무엇이 있다. 그것은 바로 운명이 아니라 살아 있는, 역동적인 인간의 의지다.

야쿠트인의 신앙

야쿠트인들은 삶을 사랑하며 오늘을 중시한다. 내일 또는 사후세계에 대해서는 특별한 관심을 두지 않는다. 모든 살아 있는 것의 존재 목적이나 미래, 세상의 종말 또는 사람이 죽은 후에 어떻게 되는지 등에 대한 관념은 상대적으로 발달되지 않았다. 가지고 있는 몇 가지 관념도 러시아인의 이주와 함께 전파된 기독교에서 차용한 것이며, 전반적으로 그런 관념은 야쿠트인들에게는 퇴색되어 있거나 부차적인 것일 뿐이다. '광명', '천국', '지옥' 등에 관한 성경 속의 이야기를 제외하면, 그들에게는 상과 벌이라는 의미에서의 현생과 내세 간의 관계에 대한 다른 믿음은 거의 없다.

거기에 대한 특별한 두려움도 없고, 동시에 아무런 희망이나 기대도 없다. 무덤 저편의 모든 것을 그저 악하고 더러운 것으로 여긴다. 그러나 그럼에도 불구하고, 아니 그 덕분인지도 모르겠지만, 야쿠트인들은 천성적으로 활달하며, 폭력에 의한 죽음이 아니라 피할 수 없는 자연스런 죽음이라면 죽음도 거의 아무런 두려움 없이 평온하게 맞이한다.

주변 사람들도 음울하기까지 한 순종의 자세로 죽어 가는 야쿠트인에게 "이제 다 됐어! 다 끝났다! … 끝이 왔다"라고 속삭인다. 그러면 죽어 가는 사람은 의사나 무당, 점쟁이, 신통력을 가졌다고 여겨지는 어린아이, 또는 자신이 보기에 미래를 내다볼 능력이 있을 듯한 모든 사람에게 이것이 '끝'인지 아니면 어떤 다른 방도가 있는지, 이제 죽는 것이 틀림없는지 물어본다. 나는 그런 질문에 대한 답변이 죽어 가는 사람을 심하게 흥분시키는 경우는 보지 못했다. 언젠가 한번 나는 직접 그런 광경을 목격하고 극심한 충격을 받은 적이 있다. 물론 당시 함께 있었던 야쿠트인들에게는 특별한 인상을 주지는 않았을 것이다. 당시 스물두 살의 젊고 아름답고 싱싱한 여자가 죽어 가고 있었다. 그녀는 더 살고 싶은 마음이 강해 정말 '끝이 다가온 것인가' 하는 두려움과 그런 일은 일어나지 않을 것이라는 희망 사이에서 혼란스러워했으며, 아직 많이 살지도 않았고 얼마 전까지도 명랑하고 건강하게 살았던 자신이 죽는다는 것은 믿을 수 없는 일이라고 생각하기도 했다. 그녀는 주변 사람들이 어떻게 생각하는지 물으며 자신의 생각을 말하기도 했다. 그 누구도 명확하게 답변하려 하지 않았다. 무당은 병이 다 나을 것이라고 말했다. 그러나 왠지 그녀는 그 말을 믿지 않았으며, 자신의 의심을 떨쳐 버리려는 듯 갑자기 네 살 된 자신의 아들을 불러 "내가 죽을 것 같니"라고 물었다. 아들은 오랫동안 말없이 서서 의아한 눈길로 엄마를 바라보았다. 그녀는 손과 입술을 떨면서 애원하는 눈길로 어린 아들의 검은 눈을 바라보았다. 주위에 사람들이 많은 데서 용기를 얻은 아들은 "엄마는 죽을 거야"라고 말했다. 그러자 그녀는 안정을 되찾고, 자신의 가장 좋은 옷을 가져오고 가장 좋은 음식을 만들어 달라고 했다. 그리고 몸을 씻은 뒤 옷을 갈아입고 머리를 빗은 다음에 음식을 먹고 자리에 누웠다. 그리고 그곳에 있던 사람들과 정겹게 대화를 나누고 자신을 기억해 주도록 그들에게 자신의 물건들을 나누어 주었다. 그러고는 조용히 누워 죽음을 기다렸다. 죽음에 앞서 지인들에게 자신의 물건을 나누어 주는 풍습은 '케레스카'라고 불리며 야쿠트인 사이에 널리 퍼져 있다. 보통 가축이나 식기를 선물로 주며, 드물게는 옷이나 돈을 주기도 한다. 야쿠트인들, 특히 여자들은 죽음을 앞두고 반드시 몸을 씻는데, 그것은 가까운 사람들의 수고를 덜어 주고 시신에서 나는 냄새를 줄이기 위한 것이다. 수의는 아주 가난한 사람들조차 새 옷으로 마련해 두는데, 종종 살아 있을 때 준비해 둔다(바야간타이 지방, 1886). 나는 야쿠티아 거의 전 지역에서, 야쿠트인들이 죽음을 맞는 순간에 그렇게 평온한

태도를 보이는 것을 목격했다. 야쿠트인들은 죽음의 순간이 다가왔다는 것을 확신하게 되면, 그 순간을 가능한 한 만족스럽게 보내려고 할 뿐이다.

"끓인 버터, 보드카 그리고 고기가 있으면 갖다 줘…. 난 지금 죽어 가고 있고 여기 이승에서 마지막으로 좋은 것을 맛보고 싶어!"-내 이웃의 가난뱅이 목수 마르사팅이 친척들을 보내 내게 그렇게 부탁한 적도 있다(남 지방, 1887). 그리고 나는 두 명의 부자, 즉 베르호얀스크의 비노쿠로프와 바야간타이의 시로먀트니코프가 죽는 것을 가까이서 본 적이 있다. 이 둘은 죽기 몇 시간 전에, 이제 죽음을 피할 수 없다는 것을 알고는 자신이 좋아하는 말을 잡으라고 해서 그 고기를 가족과 함께 먹고 즐겼다. 나는 야쿠티아 그 어느 곳에서도 야쿠트인이 잘못 산 인생을 후회하거나 슬퍼하는 것을, 또는 가까운 사람들과 헤어지는 것을 안타까워하거나 저승에서 곧 다시 만나기를 기대하는 것을 보지 못했다. 그리고 아리아인들처럼 임종 때 저승에서의 더 좋은 삶을 기대하는 것도 보지 못했다. 야쿠트인들이 무엇보다 더 바라고 기대하는 것은, 자신이 평생 살던 곳에서 가까운 꽁꽁 언 깊은 땅속에, 생전에 가까웠던 사람들이 덮어 주는 나무 묘판과 나무 십자가 아래서 평안하게 누워 있는 것이다. 야쿠트인이 걱정하는 것은 단 한 가지, 사람들이 자신이 죽은 후에 먼 길을 떠나는 데 타고 갈 가축을 잘 잡아 주느냐는 것이다. 그런 목적으로 남자를 위해서는 황소나 말을 잡고, 여자를 위해서는 암소나 송아지를 잡는다. 만일 죽은 사람의 집에 여유가 있다면, 이미 길들여져 타고 다니기 좋은 살진 가축을 잡는다. 암소나 송아지는 죽은 사람의 영혼이 작대기로 쳐서 몰고 가거나 뿔에 밧줄을 걸어 끌고 가는 불편함을 감수해야 한다고 여긴다(알단 지방, 바야간타이 지방, 1885). 가난한 사람들은 집안의 가축 가운데 가장 값이 싼 것을 잡는다. 북쪽 지방에서는 종종 순록을 잡기도 한다. 그런데 썰매용 개를 죽인다는 말은 들어 본 적이 없다. 아마도 그렇게는 하지 않는 것 같다. 잡은 가축의 고기는 관을 만들고 무덤을 파는 일꾼들, 죽은 자에게 성경을 읽어 주는 사람, 그리고 문상을 오는 이웃들에게 나누어 준다. 그런 관습은 지방에 따라 '하일리가' 또는 '할리게'라고 불린다. 전통 관습이 더 잘 보존되어 있고 더 잘 지켜지는 북쪽 지방에서는, 아주 가난한 집에서도 가족의 '하일리가'를 위해 젖먹이 송아지라도 잡으며, 때로는 집에 한 마리밖에 없는 암소를 잡기도 한다.

케뉴랴흐 역 근처 길에서 죽은 형의 무덤에 비석을 세워 주려는 카자흐 사람에게 야쿠트인들이 "우리를 고용하고 싶으면, 송아지나 순록을 잡아야 돼. 네 형의 무덤에 피를 뿌리지 않아서 우린 무서워"라고 말하는 것을 들은 적도 있다(베르호얀스크 지방, 1884). 만일 부유하게 살던 사람이 죽었는데 친척들이 '하일리가'를 제대로 해 주지 않으면, 저승에서 귀신들이 죽은 이의 영혼을 괴롭히면서 "이게 네 가축이냐? 보잘것없구나…. 이것이 너의 죽음이냐? '하일리가'가 이 정도냐"라고 말한다고 한다(남 지방, 1884). 만일 죽기 전에 '하일리가'를 충분히 준비했고 그 외의 다른 좋은 것들도 마련해 두었는데도 영혼이 떠나려 하지 않으면, 죽는 사람이 빨리 죽지 못하고 고생하게 되는데, 그럴 경우에는 침대 옆에 물이 담긴 잔을 놓아 '영혼이 떠나기 전에 씻을 수 있도록' 해 준다(남 지방, 1888).

사람이 죽으면 시신에 옷을 입히고 성상화가 모셔진 방 한구석의 의자 위에 3일간 모셔 둔다. 그 기간 중에 정교회 의식이 진행되며 성경을 읽고 초와 향을 태운다. 그리고 그동안에 관을 만들고 무덤을 판다. 무덤은 가능한 한 깊이 파는데(보통 영구 동결 얼음 층에 도달할 때까지 판다), 거의 2미터 이상을 판다. 그것은 시신과 옷이 가능한 한 온전한 상태로 오래 보존되도록 하기 위한 것이다.

알단 지방의 야쿠트인들이 내게 "천사가 나팔을 불 때, 썩은 몸뚱이에 해진 옷을 입은 채 남들 앞에 나서는 건 좋지 않지요"라고 말하며, 죽은 자들의 부활에 관한 성경 이야기를 전해 주었다. 그들이 해 준 이야기는 다음과 같다.

> "마지막 날이 오면 천사가 나팔을 불며 이 땅 위로 날아올 것이고, 거대한 물이 밀려와 땅을 무너뜨리면 죽은 자들의 몸이 떠오를 겁니다. 그렇기 때문에 죽은 사람들이 썩지 않도록 2미터 이상 깊이 묻어야 합니다. 천사는 썩은 냄새를 싫어해서 가 버리거든요. 그런데 너무 깊이 묻는 것도 위험합니다. 천사의 노랫소리는 2미터 정도 깊이까지만 들리기 때문이죠. 그리고 무덤 위에 십자가와 묘비가 없으면, 그곳에 사람이 묻혀 있다는 것을 천사가 알아보지 못합니다. 그래서 무덤 위에 표시를 해 두는 겁니다"(알단 지방, 바야간타이 지방, 1885).

야쿠트인들은 망자에게 가능한 한 새 옷을 입히는데, 옷에서 단추나 고리 등 금속성 부속을 떼어 내고 가죽이나 식물 섬유로 만든 끈으로 묶는다. 목에 건 십자가와 결혼반지는 그대로 두며, 여자인 경우에는 귀고리도 그대로 둔다. 귀고리는 반드시 은제품일 필요는 없으며, 구리나 나무로 만든 귀고리인 경우도 있다.

관이 준비되면 시신을 그 안에 안치하고 하얀 옥양목 천으로 덮는다. 그리고 망자의 왼손에는 신분증(여권)을 넣어 둔다. 영혼이 땅에서처럼 천국의 '아이-토욘'에게 가서 살 수 있도록 하기 위한 것이다. 그렇게 해 주지 않으면, "친구여, 자네는 길을 잃었네"라는 말을 듣고 마흔네 개의 땅을 지나 마귀들이 사는 곳으로 가야 하기 때문이다(알단 지방, 바야간타이 지방, 1885). 장례 3일째 되는 날 아침에는 못질한 관을 들고, 또는 소(때로는 말)에 싣고 무덤으로 향한다. 관을 운반하는 사람들과 무덤을 파는 일꾼들만 무덤으로 향할 뿐, 아무도 무덤까지 따라가지 않는다. 게다가 그들조차 일을 서둘러 마치고 초상집을 향해 달려간다. 그때 그들은 절대로 뒤를 돌아보지 않으며, 초상집 대문을 들어서자마자 관을 만들 때 나온 나무 부스러기와 시신 밑에 깔았던 짚에 불을 붙여 피워 둔 모닥불 위를 지나가며, 관을 운반하는 데 사용했던 가축도 그렇게 하도록 한다. 삽, 썰매, 들것 등 매장에 사용한 모든 도구는 부수어 묘지에 그냥 둔다. 어린아이를 매장한 경우에는 무덤 근처 나무에 그 아이의 요람과 장난감을 걸어 둔다.

전에는 무덤에 음식, 각종 마구, 무기, 식기 그리고 기타 생활에 필요한 물건들을 놓아두기도 했었는데, 지금은

무당 튠궐류의 아랑카스-야쿠츠크에서 50킬로미터 정도
떨어진 율류냐흐 호수 서쪽 호변

그런 풍습이 퇴색되었다. 나는 북부 지역의 오래된 묘들에서 부서져 녹이 슨 솥, 칼, 창날, 화살촉, 말등자나 말안장에 사용되는 고리들을 종종 보았다. 그곳 사람들은, 망자가 그것들을 사용해서 산 사람들에게 해를 끼치지 못하도록 하기 위해 부수거나 구멍을 내어 놓은 것이라고 했다(콜리마 지방, 1883).

남자 무당과 여자 무당도 바로 그렇게 보통 사람을 매장하듯이 매장한다. 그러나 교회 의식은 치르지 않으며, 깊숙하고 외진 숲이나 산, 투물(귀신이나 무당이 특히 좋아하는 장소)에 묻으며 주변의 나무에 죽은 무당의 북이나 무복을 걸어 둔다(남 지방, 1889). 죽은 무당은 밤 또는 저녁 무렵에 서둘러 매장하며, 후에 사람들은 그 장소를 피해 다닌다.

야쿠트인들은 어디에 묻힌 것이든 시신을 무서워하며, 죽은 사람이 자연에 간섭해 바람이나 폭풍을 일으키고 날씨를 나쁘게 한다고 여긴다. 무당의 시신인 경우는 그런 현상이 더 강하게 일어난다고 여긴다(알단 지방, 바야간타이 지방, 1885).

고대 야쿠트인들은 시신을 나뭇가지 사이 또는 두 개의 나무 기둥 위에 걸쳐 놓은 좁은 판자 위에 두었다. 그런 장례 방법을 '아랑카스'라고 부르는데, 지금도 숲 속에서 종종 그런 것을 볼 수 있다. 베르호얀스크 시에서 북쪽으로 50킬로미터 정도 떨어진 깊은 숲 속에서 그런 방식으로 장례된 유해를 본 적이 있다.[22] 그런 장례 풍습은 퉁구스인이나 유카기르인으로부터 야쿠트인에게 전해진 것으로 보인다. 퉁구스인이나 유카기르인은 아직도 '아랑카스'를 만들고 있는데, 거기에 당장은 필요가 없거나 이동하는 데 불편을 주는 물건들을 보관하기도 한다.

나는 야쿠트인의 특성에 보다 더 적당하다고 할 만한 또 다른 장례 풍습에 관한 이야기를 들은 적이 있는데, 그것이 야쿠티아 벽지 마을에서는 아직도 유지되고 있다. 콜리마 지방에서는, 어느 정도 잘사는 집안에서는 누가 죽으면 그 즉시 가족들이 집 밖으로 나간다. 집을 버리지는 않더라도 잠시라도 그렇게 한다. 과거에는 누가 죽으면 망자와 함께 생전에 그의 소유였던 물건들을 집 안에 그대로 두고 가족들은 집을 버리고 떠났다고 들었다. 그리고 콜리마의 한 상인에게서 들은 말인데, 언젠가 그가 일행과 떨어져 풀밭과 숲을 헤매다가 마침내 한 유르트를 발견한

22) 그런 아랑카스가 남 지방의 우리 집에서 멀지 않은 곳에도 있었는데, 화재가 나서 불타 버렸다.

적이 있다고 했다. 당시는 추운 계절이어서 그는 몹시 기뻐하며 유르트 안으로 들어갔는데, 컴컴한 바닥에 식기와 삽이 놓여 있고 벽에 침대와 모피가 걸쳐져 있어 사람이 산 흔적이 있었지만, 화로에는 눈이 뿌려져 재가 차갑게 식어 있었다. 그는 성냥을 켜 둘러보았는데, 한구석에 사람이 누워 있는 모습이 보여 다가가 발을 흔들어 깨우려 했지만 다리가 이상하게 흔들거렸고 아무런 대답도 없었다. 그래서 화가 난 상인은 그 사람의 얼굴을 더듬어 찾았는데, 얼굴이 차가웠고 움직임도 없었다. 상인은 놀라서 성냥을 다시 켜서 그 사람의 얼굴을 들여다보았다. 그때서야 상인은 그것이 고급 모피를 입고 있는 젊은 야쿠트 여자의 시신이라는 것을 알게 되었다고 했다(콜리마 지방, 1882).

바야간타이 지방에서는 다음과 같은 이야기를 들었다. "우리는 얼마 전에서야 시신을 두려워하지 않게 되었지요. 전에는 천금을 준다 해도 그 누구도 시신과 함께 있으려 하지 않았습니다. 시신이 집 안에 있으면, 가족들은 모두 이웃집에 가서 자거나 겨울일지라도 바깥에서 잤습니다"(바야간타이 지방, 1884). "우리 야쿠트 사람들은 전에는 죽은 사람을 땅에 매장하지 않았습니다. 죽은 사람에게 좋은 옷을 입히고 집 안에 마련한 상자나 자작나무 껍질 칸막이 뒤에 시신을 두었습니다. 그리고 모두 집을 버리고 떠났습니다. 그렇게 해서 시신이 집 안에서 서서히 썩어 가고 짐승들이 건드릴 수 없도록 한 것입니다"(남 지방, 1889).[23] 나는 그런 이야기를 베르호얀스크에서도, 알단에서도 들었다. 알단에서는 야쿠트인의 아주 오래된 장례 방식이라고 생각되는 다음과 같은 이야기를 들었는데, 후일 다른 지역에서도 동일한 이야기를 들었다. "오래전, 아주 오래전, 러시아인들이 오지 않았고 야쿠트인들이 아직 (기독교) 신을 몰랐을 당시에는 이렇게 했습니다. 노인이 너무 늙어 약해지거나 병이 들어 회복될 가망이 없게 되면, 그들은 보통 사랑하는 자식들이나 친척들, 아들딸 또는 형제들에게 자신을 매장해 달라고 부탁했습니다.[24] 그러면 이웃 사람들을 모두 부르고 살진 가축을 잡아 3일

---

23) 기독교 전래 훨씬 이전에 야쿠트인들이 마련했던 무덤 구조는 보다 현대화된 장례 방식으로 보아야 할 것이다. 그 구조는 할타미 형태 또는 보다 복잡한 맞배 천막 구조였다.

24) 축치족의 경우에도 그 일을 노인이 가장 아끼는 아들이 해야 했다는 점은 주목할 만하다. 아들이 창으로 노인을 찌른다. 이 의식은 최근까지도 유지되었다. 노인은 가장 좋은 옷을 차려 입고 천막 안에 누워 있으며, 손님들은 밖에서 천막을 둘러싸고 기다린다. 아들은 창끝을 천막 안으로 집어넣고 있다가 노인이 신호를 하면 창을 쥐고 들어간다. 그러면 노인 자신이 창끝을 자신의 심장에 갖다 댄다.

동안 먹고 즐겼습니다. 그 기간 중에 죽음을 앞둔 노인은 가장 좋은 옷을 입고 상석에 앉아 찾아온 사람들의 인사를 받고 가장 좋은 음식을 먹었습니다. 3일째가 되면 노인의 선택을 받은 사람이 노인을 숲으로 데려가 미리 파 놓은 구덩이에 밀어 넣었습니다. 그러고는 거기에 노인의 식기나 무기 등의 물건과 함께 음식을 던져 넣고 노인을 산 채로 매장하거나 그냥 그대로 두어 굶어 죽게 했습니다. 때로는 노부부를 함께 생매장했으며, 때로는 그들과 함께 소, 말 등 가축을 생매장하기도 했습니다. 안장을 얹은 말을 구덩이 근처 기둥에 묶어 두어 거기서 굶어 죽게 하기도 했습니다"(알단, 바야간타이 지방, 1886).

나는 이 지역에서, 전에 언젠가 카자흐인들이 숲 속 구덩이에서 값진 모피 옷을 입은 노파를 구해 주고 세례를 받게 했는데, 그 노파가 그 후에도 오래 살았다는 이야기도 들었다(알단 지방, 1886). 동일한 시기에 신앙 여부에 따라 다양한 방식의 장례가 이루어졌음이 분명하다.[25]

---

25) "야쿠트인들은 멋있는 나무에 커다란 의미를 부여한다. 그래서 어떤 나무가 특별히 마음에 들면, 자신을 그 나무 아래 매장해 달라고 부탁한다. 야쿠트인들은 전에는 시신을 화장하거나 풍장하거나 또는 죽음을 맞은 유르트에 두고 가족들이 떠나갔다. 부유한 야쿠트인들은 고인이 평소에 아끼던 종을 화장해 저승에서도 주인에게 봉사하도록 하

요즘에는 장례가 3일 이상 진행되지는 않는데, 시신이 아직 매장되지 않은 이 기간 동안 죽은 사람의 영혼은 땅을 떠나지 않는다. 악마들이 그의 영혼을 데리고 살아생전에 그가 다녀 본 모든 곳을 돌아다닌다. 그래서 생전에 많은 곳을 다녔던 사람의 영혼은 이때 고생을 하기도 한다. 그리고 이 기간 중에는 죽은 사람의 영혼이 다양한 소리를 내서 살아 있는 사람들에게 자신의 존재를 알린다. 때로는 울거나 불평하는 소리가 들리기도 하며, 때로는 영혼이 가축들에게 풀을 주거나 설거지를 하거나 가죽끈을 감아 두거나 창고의 상자들을 움직이는 등 생전에 마치지 못한 집안일을 하는 것이 보이기도 한다. 내가 아주 친하게 지내는 튜시프트라는 이름의 무당은 다른 이들보다 그

는 풍습이 있었다. 그러나 러시아가 야쿠티아를 지배한 이후, 그런 야만적인 풍습은 사라졌으며, 단 한 건의 황제 칙령 위반 사례가 있었을 뿐이다." (그멜린, 《시베리아 여행기》, 제2권, p. 477)

(옮긴이 주) 《시베리아 여행기》의 원저는 《I. G. Gmelin, Reise durch Sibirien, von dem Jahr 1740 bis 1743, T. 2, Göttingen, 1751~52》다. 저자인 요한 게오르크 그멜린(Johann Georg Gmelin, 1709~1755)은 튀빙겐 출신의 독일인으로 러시아 페테르부르크 과학아카데미 소속 자연과학자로서 제2차 캄차카 탐사대(1733~1743)에 참여해 10년간 시베리아 각지를 여행한 뒤 독일로 귀향, 《시베리아 식물지》(전4권)와 《시베리아 여행기》(전4권)를 저술, 출판했다.

런 것을 더 많이 듣고 본 사람인데, 내가 살던 집에서 예전에 살다가 죽은 야쿠트 노인들이 집 주변을 이리저리 돌아다니고 서로 이야기를 하고 벽을 두드리기도 하는 것을 보았다고 말해 주었다. 그런데 우리 집에서 나를 빼고 다른 가족들 모두 그런 소리를 들었다고 했다. 그래서 우리가 하일리가를 치르고 남은 가축의 머리를 먹고 나자 노인의 영혼들이 그 집을 떠나 평온해졌다(남 지방, 1887).

많은 영혼들이 평온을 찾지 못하고 계속 땅 위를 떠돈다. 튜시프트는 "때때로 그런 수많은 영혼들이 함께 모여 이야기를 하고 소리를 치기도 하며, 대규모로 날아오를 때는 마치 새 떼가 날아오르는 것처럼 바람이 일기도 합니다. 그런 것을 모두 보고 들을 수 있는 사람들이 있습니다"라고 말했다. 그렇게 불안하게 떠도는 귀신들을 '외르'라고 부르는데, 그 숫자가 셀 수 없을 정도로 많다고 한다. 사람이 죽어 저승에 가서 "너는 땅 위에 무엇을 두고 왔느냐"라는 물음에 "집, 가축, 남편, 아내, 자식, 아버지, 어머니, 친척…"이라고 대답하고, "그들에게 돌아가고 싶은가"라는 물음에 "예"라고 대답하면 '외르'가 된다고 한다(남 지방, 1888). 바로 그렇기 때문에 '외르'는 무엇보다도 자신과 가까운 사람들을 괴롭힌다. '외르'는 그들이 즐겁고 편안하게 살도록 그냥 두지 않는다. 자신을 기억하도록 끊임없이 그들의 생활을 방해한다. 살아생전에 주변 사람과 어떻게 지냈는지도 죽은 사람이 '외르'로 변할지 여부에 영향을 준다. 그러나 '외르'가 되는 가장 큰 이유는, 고기나 비곗덩어리와 관련된 의례를 정확히 지키지 않는 데 있다. 나는 "마슈타라는 결혼식 다음 날 귀신들린 사람이 되었습니다. 죽은 오빠와 언니가 그녀를 괴롭히러 온 겁니다. 그들에게 술을 따라 주고 고기와 비곗덩어리를 바치는 것을 잊어버렸기 때문입니다. 이제 무당을 불러야 합니다. 그렇지 않으면 그녀는 그런 상태로 평생 살게 될 겁니다"라는 말을 들은 적이 있다(베르호얀스크 지방, 1887). 때때로 죽은 사람의 영혼이 그 어떤 간절한 열망 때문에 이승에 나타나는 경우도 있다. 이와 관련해서 다음과 같은 이야기를 들었다.

> "내 이웃 콘스탄틴은 병이 들었습니다. 그는 명치끝도 아프고 간장, 심장 등 내장이 모두 병들었습니다. 등도 아프고요. 그래서 무당을 불렀습니다. 그런데 첫 번째 굿은 소용이 없었습니다. 귀신을 하나도 몰아내지 못하고 그냥 돌아갔습니다. 그래서 그다음에 그 무당을 또 불렀는데, 그는 콘스탄틴에게 씐 귀신들 중 가장 지독한 것이 죽은 부인의 귀신으로 '내

남편, 내 남편이야. 그냥 있을래!' 하면서 결코 나가려 하지 않는다고 말했습니다. 그리고 귀신들이 '술과 더불어 머리, 가슴, 배가 하얗고 꼬리 끝이 하얀 갈색 말을 내놓아라' 한다고 했습니다. 그러나 콘스탄틴은 아주 인색한 사람이어서 그렇게 하기를 원하지 않았습니다. 결국 무당은 콘스탄틴이 왜 아픈지를 정확히 알아내지 못하고 가 버렸습니다. 이웃 사람들은 살아생전에 남편을 몹시 사랑했던 부인이 그를 괴롭히는 것이라고 말했습니다"(남 지방, 1887).

나는 그와 같은 이야기를 여러 지방에서 들었는데, 그 중 한 야쿠트 노파에게서 들은 다음과 같은 독특한 이야기가 있었다.

"나는 어렸을 때 심하게 병을 앓았습니다. 9일 동안 먹지도 마시지도 못하고 놀란 망아지처럼 침대 위에서 나뒹굴었습니다. 어른들이 힘을 써도 나를 어쩌지 못했습니다. 그러자 아버지가 무당을 불렀고, 무당은 7일간 의식을 진행해 모든 귀신들을 불러 물어보았는데, 자신들의 짓이 아니라고 했습니다. 그런데 나는 상태가 더욱 악화되어 모두들 내가 곧 죽을 것이라고 생각했습니다. 그런데 우연히 우리 유르트에 '튤랴흐 튜슈르'라는 예지몽을 꾸는 사람이 왔습니다. 그는 침대에 누워 잠시 잠을 자면서 꿈을 꾸고 깨어나서는, 꿈속에서 돌아가신 나의 외할아버지 표도르를 보았는데, 화롯가에 다리를 올린 채 불을 쬐며 앉아 있었고 막대기로 화로의 재를 헤치면서 '나는 눈으로 보지도 못하고 귀로 듣지도 못해…. 내 사랑하는 손녀에게서 떠나지 않을 거야…. 나중에 내가 잡아먹을 거야'라고 말했다고 했습니다. 무당은 그 말을 듣자마자 다시 굿을 시작했고, 마침내 표도르 할아버지를 설득했습니다. 할아버지는 '떠나지 않을 거야! 떠나지 않겠어! 애를 잡아먹지는 않을 거야. 내가 이 아이를 아주 사랑해서 쓰다듬어 주는데 아이가 견디지 못하는 것일 뿐이야'라고 말하면서 오랫동안 버텼다고 합니다. 아버지와 어머니도 할아버지에게 떠날 것을 부탁했고, 마침내 할아버지가 떠나고 나는 건강해졌습니다"(남 지방, 1887).

"주어진 수명을 다 살지 못하고 요절한 사람들, 살해

된 사람들, 자살한 사람들, 물에 빠져 죽은 사람들, 교회 의례를 치르지 못하고 세상을 떠나 매장된 사람들, 그런 사람들은 모두 '외르'가 됩니다. 과거에는 모든 죽은 사람이 '외르'가 되었는데, 기독교가 들어오고 나서는 '외르'의 숫자가 아주 적어졌습니다"(알단 지방, 1885).

남녀 무당의 영혼, 마녀나 마법사의 영혼, 성격이 나쁘고 시샘이 많고 화를 잘 내는 등 뭔가 특이한 사람들의 영혼은 '외르'가 된다. 그들의 영혼은 영원히 '외르'로 남아 더 높은 존재들의 일꾼 역할을 한다. 그들은 사람의 몸에 들어가 눈이나 내장을 상하게 하거나 뼈를 부러뜨리는 등 사람의 몸을 망치며, '묀녜리크'라고 부르는 히스테릭한 사람으로 만들거나 미치게 만든다. 그리고 때로는 자신들의 마법적인 힘을 나누어 주어 무당이 되게 한다(남 지방, 1888). 모든 무당은 본질적으로 강력한 귀신에 씐 사람으로 히스테릭한 '묀녜리크'다. 그 누구도 무당으로 태어나지는 않는다. 모든 사람이 자신의 의지나 희망과는 무관하게 무당이 될 수 있다. 앞서 언급한 무당, 즉 '하늘에서 떨어진'이라는 의미의 튜시프트라는 이름의 무당은, 자신이 어떻게 무당이 되었는지를 다음과 같이 이야기했다.

"나는 태어난 지 20년 되던 해에 병이 들면서, 다른 사람들이 보지 못하고 듣지 못하는 것을 보고 들을 수 있게 되었습니다. 나는 9년 동안 그 사실을 숨기고 혼자 고통을 겪었습니다. 사람들이 내 말을 믿지 않고 비웃을까 두려웠기 때문입니다. 그러다가 결국 나는 죽을 만큼 심하게 병을 앓았고, 굿을 하게 되자 몸이 좋아졌습니다. 지금도 오랫동안 굿을 하지 않으면 몸이 아픕니다."

튜시프트는 지금 만 60세다. 9년 동안 자신의 운명을 숨겼고, 31년간 무당으로 일하고 있다. 그는 중키에 약간 마른 편의 근육질의 노인이다. 젊었을 적에는 힘이 세고 날렵했을 것이 틀림없다. 아직도 그는 밤새도록 뛰고 춤추며 굿을 할 수 있다. 그는 남쪽 지방, 북쪽 지방, 바닷가 등 많은 곳을 돌아다녔다. 그의 얼굴은 약간 검고 표정이 다양하다. 얼굴 모습은 에벤크인을 연상시킨다. 검은색 눈동자는 약간 어두운 녹색의 원이 둘러싸고 있다. 굿을 할 때, 그의 눈은 그 어떤 아주 기분 나쁜 빛을 띠며 마치 미친 사람의 눈같이 된다. 그런 그의 눈을 바라보는 사람들은 적잖이 당황하게 된다. 나는 야쿠티아 지방에서 그 말고도 그런 눈을 가진 또 한 명의 무당을 본 적이 있다. 보통 무당의 외모에는 그 어떤 특별한 점이 있어서, 나는 무당들을 어느 정도 만나 본 후에는 사람들 사이에서 거의 실수 없이 무당을 가려낼 수 있게 되었다. 무당들에게서는 어떤 힘이 느껴지며, 보통의 야쿠트인들은 얼굴 근육의 움직임이 별로 없는데 무당들은 얼굴 근육이 활발하게 움직인다. 또 무당들의 몸 움직임은 재빠르고 날렵하다. 그리고 북부 지방의 무당들은 예외 없이 머리를 어깨에 닿을 정도로 길게 기르는데, 보통 뒤로 묶거나 땋고 다닌다. 그러나 무당들을 박해하는 남부 지방, 야쿠츠크 시 근처에서는 신분을 드러낼 수 없기 때문에 무당들도 머리를 기르는 경우가 드물다. 한편, 튜시프트는 머리를 기르지 않는데, 긴 머리 안에 작은 '외르'들이 살며 자신을 괴롭히기 때문에 그것을 막기 위해서 머리를 기르지 않는 것이라고 했다. 무당들 가운데는 마치 알코올중독자처럼 자신의 직분을 버리지 못하는 사람들이 있다. 튜시프트도 이미 여러 차례 처벌을 받았다. 그의 옷과 북이 불태워졌으며, 교회에서 무수히 엎드려 절하면서 용서를 빌어야 했었다. 그는 내게 이렇게 하소연했다. "신기가 그냥 사라지는 게 아닙니다. 우리 주인(신령)들이 우리에게 화를 내면, 우리는 고통을 겪습니다. 그러니 그만둘 수가 없습니다. 굿을 하지 않을 수 없습니다. 우리가 무슨 나쁜 짓을 하는 게 아니지 않습니까?"

한 눈먼 야쿠트 노인은, 자신이 예전에 무당이었는데 그것이 죄라고 생각하고 그만두었더니, 다른 강력한 무당이 그에게서 수호령 '외뫼갸트'[26]를 떼어 내는 굿을 해 주었는데도 불구하고 신령이 그에 대한 벌로 눈을 멀게 했다고 말했다(남 지방, 1887). 바야간타이 지방 우튜흐튜이 지역에는 젊은데도 불구하고 널리 알려진 무당이 있었다. 사람들은 그가 굿을 할 때면 '그의 눈이 이마로 올라간다'고 말했다. 그는 풍족하게 사는 사람이어서 여러 번이나 굿을 하지 않겠다고 스스로 맹세하기도 했지만, 친척들이 어려운 일을 당하면 맹세를 어기고 그들의 부탁을 들어주었다(알단 지방, 1885). 튜시프트는 가난하다. 그래서 굿으로 벌어들이는 수입을 귀중하게 생각하는데, 자신의 무당으로서의 평판도 중하게 생각한다. 근처에 사는 한 부자가 아픈 부인을 위해 그가 아닌 다른 무당을 불렀을 때, 몹시 화를 내기도 했었다. 그는 초빙된 무당이 아무것도 모르는 자여서 환자를 괴롭히는 귀신을 불러 쫓지 못할 것이며, 자신은 그 귀신을 알지만 이제 그를 불러도 가지 않

---

26) 여러 지방에서 '에메헤트'라고 발음하기도 한다.

을 것이라고 말했다.

굿에 지불되는 비용의 규모는 다양하다. 그런데 비용은 굿이 효력을 발휘할 때만 지불된다. 그런 경우 종종 25루블 이상이 지불되기도 하지만, 보통은 1루블에 음식이 대접된다. 몇몇 지방에서는 굿에 쓰기 위해 도살한 가축의 일부를 무당이 집으로 가져가도록 하기도 한다(콜리마 지방, 1883).

무당의 주술적 능력은 유전되는 것이 아니다. 물론, 한 지역의 무당들 간에는 혈연관계가 있다고 생각하기도 한다. 즉, '한 번 무당이 난 집안에는 또 무당이 나게 마련이다. 그의 외뫼갸트(수호령)가 무당이 죽은 뒤에 주로 그 집안의 다른 누구에겐가 옮겨 가기 때문이다'라고 생각한다(남 지방, 1889). 수호령은 무당과는 뗄 수 없는 존재다. 가장 약하고 보잘것없는 무당도 '외뫼갸트'와 '이예-킬라', 즉 수호령과 하늘에서 내려온 동물 형상의 주술적 힘을 가진 보조령이 있다. '이예-킬라'는 동물 형상의 보조령으로 남들이 볼 수 없는 곳에 숨어 있다. 튜시프트도 "나의 이예-킬라는 아무도 찾아내지 못합니다. 그것은 저 먼 산속 바위 사이에 있지요"라고 자랑했다. 이예-킬라는 1년에 단 한 번, 봄에 눈이 다 녹아 검은 땅이 드러날 때 나타난다. 그러면 이예-킬라에 깃든 무당의 영혼은 이리저리 돌아다니게 된다. 보통 사람은 그것을 볼 수 없으며, 오직 무당들만이 그것을 볼 수 있다. 이예-킬라 가운데 강력하고 용감한 것들은 커다란 소리를 내며 날아다니고, 약한 것들은 조용히 돌아다닌다. 여자 무당의 이예-킬라는 특히 싸움을 좋아하고 격정적인데, 그중 강한 것에는 아무도 대적하지 못한다. 경험이 없거나 격정적인 무당들의 이예-킬라들은 종종 서로 싸움을 벌이는데, 그 결과 싸움에 진 무당은 병에 걸리거나 죽기도 한다. 때로는 최상급 무당들의 이예-킬라들 간의 싸움이 일어나 몇 달씩, 때로는 몇 년씩 서로 엉켜 붙어 있게 되는데, 그런 경우 해당 이예-킬라의 주인인 무당들은 한 명이 죽거나 서로 풀어 주지 않는 한, 중병을 앓게 된다(남 지방 1889). 가장 약하고 겁이 많은 무당은 개가 이예-킬라인 무당이며, 가장 강력하고 용맹한 무당은 거대한 황소, 망아지, 독수리, 순록, 흑곰 등이 이예-킬라인 무당이다. 늑대, 곰 또는 개를 동물 보조령 이예-킬라로 가진 무당은 아주 불행하다. 그 동물들은 포만감을 몰라, 무당이 그들에게 아무리 많은 것을 바쳐도 여전히 부족하기 때문이다. 특히 이예-킬라가 개인 경우에는 자신의 인간 분신이라고 할 수 있는 무당을 끊임없이 괴롭힌다. 이빨로 무당의 심장이나 몸을 물어뜯기 때문이다(남 지방, 1889). 그럴 경우, 무당은 심하게 병을 앓으며 고통을 받는다. 까마귀도 역시 나쁜 이예-킬라다. 독수리와 황소는 '전사, 투사 이예-킬라'로 불리며, 무당에게는 가장 자랑스러운 지위가 된다(남 지방, 1888). 새로운 무당이 생겨나면, 다른 무당들은 그 즉시 그것을 알게 된다. 이제까지 없었던 이예-킬라가 새로 나타난 것을 보고 알게 되는 것이다(남 지방, 1889).

수호령 '외뫼갸트'는 아주 특별한 존재다. 그것은 대부분 과거에 이 땅 위에 살았던 무당의 영혼이다. 특별한 경우에는 신분이 낮은 신령이 수호령이 되기도 한다. 인간의 몸은 위대한 신의 힘을 견뎌 낼 수 없다. 따라서 수호령은 항상 자신이 좋아하는 인간 근처에 머물면서 그가 부를 때마다 기꺼이 응답해 준다. 그리고 그 인간이 어려운 일을 당하면 도와주고 보호해 주며 어떻게 해야 할지 가르쳐 준다. 튜시프트는 "무당은 오로지 자신의 수호령 '외뫼갸트'를 통해서만 보고 듣습니다. 나는 마을 세 개 너머까지 보고 들을 수 있는데, 나보다 훨씬 더 멀리까지 보고 들을 수 있는 무당도 있습니다"라고 했다.

동물 형상 보조령 '이예-킬라'와 수호령 '외뫼갸트'를 받고 그들의 속성까지도 가지게 되는 것은 무당의 의사와는 전혀 무관한 일이다. 그것은 우연하게 이루어지거나 또는 하늘의 의사에 따른 것이다. 튜시프트는 자신이 어떻게 수호령을 모시게 되었는지 이야기했다.

"내가 북쪽 지방을 여행할 때, 한번은 산속에서 나뭇더미를 발견한 적이 있습니다. 마침 식사를 준비해야 했던 터라 그 나뭇더미에 불을 붙였습니다. 그런데 그 나뭇더미 아래에 유명한 퉁구스 무당이 묻혀 있었던 겁니다. 그렇게 해서 그의 영혼이 내게 들어오게 된 겁니다."

튜시프트가 굿을 할 때면, 그의 수호령이 퉁구스 출신임을 금방 알 수 있다. 그가 굿하는 중에 때때로 퉁구스 말을 하고 퉁구스인들의 몸짓을 하기 때문이다. 한편, 그가 굿을 할 때는 다른 귀신들, 즉 러시아 총각, 처녀 귀신들이나 퉁구스 귀신들도 그의 몸에 들어가는데, 러시아 귀신들은 러시아어로 말하게 하고 보드카나 단과자 또는 아가씨를 요구하며, 퉁구스 귀신들도 극히 제멋대로 굴며 모여 있는 사람들에게 성기가 있느냐고 묻게 하기도 한다. 그런데 그런 질문에 긍정적인 대답을 하면 안 된다. 그렇게 하는 경우에는 성적 능력이 감퇴되는 병에 걸리기 때문이다. 총각 귀신은 여성에게서, 처녀 귀신은 남성에게서 성능력을 훔쳐 간다. 한편, "총각 귀신은 눈이 보이지 않아 끊임없이 땅과 주변 사물을 더듬고 다닌다"고 한다.

이 귀신들을 수호령 '외뫼갸트'와 혼동하지 말아야 한다. 그런 귀신을 '퀼뢴'이라 부르는데, 무당이 굿을 할 때 무당 몸으로 들어가 무당으로 하여금 자신들이 하고 싶은 말이나 행동을 하도록 한다. 튜시프트의 경우에는 우연하게도 수호령도 퉁구스 출신이고 4번째 '퀼뢴'도 퉁구스 출신이다.

위대한 무당들은 죽으면서 때때로 수호령 '외뫼갸트'를 하늘로 데려가기도 하는데, 그러면 그런 무당들의 영혼은 영원히 하늘에서 살게 된다. 하늘에서 사는 영혼들의 대부분은 생전에 무당이었던 사람들의 영혼이다. 그런데 수호령이 하늘로 올라가지 않는 경우에는 언젠가는 땅 위에 나타나게 된다고 한다(남 지방, 1889).

무당은 수호령 '외뫼갸트'의 힘에 따라 다음과 같이 나누어진다.

a) 맨 아래 단계 무당은 '켄니키 오윤'이다. 이들은 고유의 무당은 아니며, 이상한 꿈을 해석하는 능력, 점을 치는 능력, 가벼운 질병을 치료하는 능력, 잡귀를 물리치는 능력 등 다소 특이하고 이상한 능력이 있는 사람들이다. 이들에게는 수호령 '외뫼갸트'가 없어 북을 치거나 주문을 외고 제물을 바치는 대규모 굿은 할 수 없다.

b) 중간 단계 무당은 '오르토 오윤'이다. 이들은 자신의 재능 및 수호령의 힘에 따라 다양한 정도의 주술적 능력을 가진 일반적인 무당이다.

c) 최고 단계 무당은 '울라한 오윤'으로, 하늘의 울루-토욘으로부터 수호령을 하사받은 무당이다. 이들은 위대한 무당으로, 어둠의 지배자들도 그들의 호소에 귀를 기울인다. 내가 듣기로, 그런 단계의 무당은 야쿠티아 땅 전체에 네 명, 즉 최초로 형성된 빌류이, 남, 타타(바투루), 보로곤 등 네 개 지방에 각각 한 명씩 있다고 한다. 각 지방마다 주술적 능력이 있는 특별한 씨족이 있는데, 그 집안에서 때때로 위대한 무당이 나온다고 한다(남 지방, 1887).[27] 남 지방에서는 얼마 전에 사망한 아르친가 씨족 출신의 '미칠라'라는 별명을 가진 표도르 노인을 그런 위대한 무당으로 여긴다. 말년에 부인이 죽고 난 뒤에 그는 모두에게 버림받고 마법적 능력을 가진 늙고 초라한 개 한 마리와 함께 지냈다. 그는 부자도 아니었고 그 어떤 일을

27) 이 말은 다소 논란의 여지가 있다. 다른 무당들은 또 다른 지방을 꼽기 때문이다. 그러나 남 지방과 바투루 지방은 공히 지적하고 있다. 빌류이 지역으로 이주한 칸갈라 씨족들은 이주하면서 칸갈라의 수호령을 모셔 갔을 수 있다. 그리고 '지방'이라고 하는 것도 의문의 여지가 있다. 씨족 공동체라고 하는 것이 더 정확할 것이다.

한 적도 없고 아무것도 하지 않았지만, 그에게는 항상 모든 것이 풍족했다. 가축도 없었지만, 그는 항상 잘 먹고 살았다. 귀신들이 그에게 필요한 것을 모두 가져다주었기 때문이다. 그가 무엇을 생각하기만 하면 즉시 그것이 '공중에서' 그 앞으로 뚝 떨어졌다(남 지방, 1886). 튜시프트도 자신은 담배가 떨어지는 일이 없다고 자랑했고, 이웃 사람들도 그의 담배는 보통 담배가 아니라고 덧붙였다. "보세요. 담배에 줄기가 없잖아요. 담배가 바람을 타고 그에게 날아옵니다. 귀신이 그의 코앞에 던져 주는 거지요" (남 지방, 1889).

사람들이 말하기를, '미칠라'는 젊었을 때 아주 미남이었지만 늙어 가면서 그의 수호령처럼 귀신 같은 몰골이 되었다. 그리고 그의 능력에 대해서는 기적 같은 이야기를 했다. 평소의 볼품없는 외모나 무기력한 모습과는 달리, 그가 굿을 할 때 껑충껑충 뛰면서 북을 치고 고함을 치면 유르트 벽이 들썩거릴 정도였고, 완전히 접신한 상태일 때는 평소 음울하고 말이 없던 그가 말도 많아지고 무섭게 변했다. 그래서 모두들 그를 두려워했으며, 대접이 시원치 않은 집에서 나갈 때 그가 화난 눈으로 무엇을 쳐다보면, 그것이 사람이든 가축이든 말이든 집이든 모든 것이 망가지거나 죽었다. 그래서 그에게 굿을 부탁하는 사람들은 모두 그를 극진하게 맞이하고 대접해 주었다. 미칠라는 칼로 자기 몸을 찌른다거나 지팡이를 삼킨다거나 아니면 불에 단 석탄을 삼키는 등 무당들이 행하는 모든 마술을 다 할 수 있었다. 그는 훌륭한 무당으로, 자신의 정수리, 간, 위 등 세 부위를 찌르는데, 칼의 손잡이가 닿도록 깊이 찔러 넣으며 때로는 칼끝이 몸을 관통해서 등으로 나오기도 했다(남 지방, 1888).[28] 그리고 그가 칼을 자기 몸

---

28) 그런데 나는 그와 같은 광경을 한 번도 보지 못했다. 그러나 그런 것에 관한 그멜린의 증언이 있어 소개한다. "우리는 20세밖에 되지 않은 아주 젊은 아가씨이지만 마치 수십 년간 비법을 행해 온 사람처럼 커다란 신뢰를 받고 있는 한 무녀에 관한 이야기를 들었다. 그녀는 도시에서 20여 킬로미터 떨어진 곳에서 살고 있었다. G. 밀러 교수가 그녀를 초빙했다. 그녀는 자신이 무녀라고 소개했으며, 칼로 자신의 몸을 관통해도 귀신의 도움으로 해를 입지 않을 정도로 뛰어난 실력을 가졌다고 했다. 그래서 우리는 시간을 정했고, 그녀는 비법을 보여 주기로 약속했다. 정해진 시간에 우리는 비법을 보여 주기로 한 유르트에 모였다. 그녀는 무복을 입고 북을 치기 시작했다. 그리고 아주 높이 껑충껑충 뛰기 시작했다. 젊어서 그렇게 잘 뛸 수 있는 것 같았다. 그러나 목소리에서는 그녀가 젊다는 것을 느낄 수 없었다. 북소리와 섞인 그녀의 목소리는 마치 곰이 울부짖는 소리, 또는 개가 짖는 소리나 고양이가 야옹거리는 소리 같았다. 그녀는 북을 타고 뛰어올라 공중의 악마들과, 그리고 땅 위의 악마들과 자유롭게 대화를 나누었고 여러 가지 질문을 하고 대답을 들었다. 야쿠트인들은 사람이 그렇게 귀신들과 소통하는 모습에 크게 놀라고 있었다. 우리는 초조하게 칼을 찌르는 순간을

기다리며 모든 과정을 지켜보았다. 마침내 그녀가 칼을 달라고 했다. 그녀에게 끝이 뾰족한 날카로운 칼을 주었다. 그리고 그녀가 칼을 자기 몸 깊숙이 찔러 넣어 마치 칼끝이 등으로 나온 것 같은 모습을 볼 수 있었다. 그녀는 몸을 심하게 앞으로 숙였고, 그래서 그녀가 힘을 주어 칼로 자기 몸을 찌른 것처럼 보였다. 나는 칼이 실제로 그녀의 몸을 관통했는지 확인하려고 손으로 칼을 잡았다. 바로 그때 그녀는, 이번에는 귀신들이 말을 듣지 않고 있으며, 오늘은 그녀의 청을 들어주지 않을 것 같으니 다음 날 저녁으로 미루자고 말했다. 그래서 우리는 다음 날 저녁으로 그 일을 미루었다. 그녀 자신이 칼로 자신의 몸을 찌르지 않았다고 말했지만, 야쿠트인들은 모두 칼이 몸을 관통했지만 귀신들이 믿지 않는 사람들에게 거짓말을 하라고 그녀에게 시켰을 것이라고 믿었다. 다음 날 다시 춤이 시작되었고, 전날과 마찬가지로 현란한 춤이 계속되었다. 마침내 칼을 사용한 마술의 시간이 왔다. 그녀는 실제로 자신의 몸에 칼을 찔러 넣었다가 피가 묻은 채로 빼냈다. 나는 상처와 빠져나온 피하지방을 만져 보았다. 그녀는 그것을 칼로 잘라 사람들에게 주고 화로에 구워 달라고 해서 먹었다. 그 모습을 본 야쿠트인들은 놀라움에 탄성을 질렀다. 아마 가슴 깊이 감동한 것 같았다. 그러나 그녀는 마치 아무 일도 없었던 것처럼 평온한 상태였으며, 그런 모습에 야쿠트인들은 더욱 놀랐다. 그렇게 그녀는 자신의 비법을 보여 주었다. 그러고는 그녀가 마음에 들어 하게 된 밀러 교수 집에서 일정 기간 머물렀다. 밀러 교수 집에 간 그녀는 상처에 낙엽송 수지로 만든 고약을 바르고 자작나무 껍질로 감싼 뒤에 여러 가지 낡은 천으로 배를 가능한 한 세게 동여맸다. 그 후 그녀는 집으로 돌아갔고, 자신과 시내 번역사가 서명한 자술서를 보내왔다. 자술서에서 그녀는 그 이전에는 한 번도 실제로 자기 몸을 칼로 찌른 적이 없었으며, 다시는 그런 일을 하고 싶지 않다고 썼다. 그리고 배를 들이밀고 옷 사이로 칼을 찌르는 방에 찔러 넣을 때면, '태양'(무당이 등에 차는 원형 금속판)이 사라지며, 나중에 그가 칼과 함께 그것을 토해 냈다. 자신의 머리를 잘라 선반 위에 올려놓고 머리 없는 몸만 유르트 내를 돌며 춤을 추는 무당들도 있었다(알단 지방, 바야간타이 지방, 1885). 전에 남 지방에 살았던 제라힌(게라심)이라는 무당도 모든 마술을 다 할 수 있었다. 언젠가 그가 굿을 하고 있을 때, 그곳에 있던 러시아인 마법사가 심술을 부리며 바닥에 앉아 있던 제라힌이 일어나지 못하도록 주문을 걸었다. 그러자 제라힌은 마법 지팡이 '빌라야흐'로 자기 몸 주위 바닥에 원을 그리고 그 원과 함께 높

법으로 야쿠트인들을 속여 온 것처럼 러시아인들을 속이려 했었다는 것을 인정했다. 야쿠트인들은 그녀가 칼로 자신의 몸을 찌른다는 것을 의심한 적이 없었지만, 우리 러시아인들은 바로 그녀의 속임수를 알아챘던 것이다. 또 그녀는 전에 조상들로부터 칼로 자신의 몸을 찌르고 자신의 지방 덩어리를 먹으면 죽지 않으며, 상처를 잘 동여매 놓으면 위험한 일도 발생하지 않는다고 들은 적이 있다고 했다. 그녀는 첫째 날과 둘째 날 사이에 바로 그 말을 기억해 내고는, 마음을 단단히 먹고 우리에게 자신이 사기꾼이 아님을 보여 주고자 했던 것이다. 그녀를 좋은 말로 설득하자, 그녀는 그동안 자신의 비법을 야쿠트인들이 더욱더 우러러보도록 속여 왔다는 점을 인정했다. 6일 정도 지나자 그녀의 상처가 아물었다. 그리고 우리는 빌류이 강 상류 지역에 사는 다른 무속인에 대한 이야기를 들었으며, 그에게서도 동일한 자술서를 받아 냈다."(그멜린, 《시베리아 여행기》, 제2권, p. 493~497)

이 뛰어올라 러시아인 마법사를 발로 차고는, 그를 높이 던져 올려 그의 몸을 천장에 붙게 했다. 러시아인 마법사는 제라힌이 풀어 줄 때까지 천장에 붙어서 꼼짝하지 못했다(남 지방, 1888). 동시에 세 장소에서 굿을 할 수 있는 강력한 무당들도 있었는데, 어디에 있는 것이 진짜 무당인지 아무도 알 수 없었다(남 지방, 1889).

나는 사람들이 비록 그런 마술에 놀라고 열심히 지켜보기는 하지만 '진정한 무당'에게는 뭔가 다른 것을 기대한다는 것을 알게 되었다. 나는 콜리마 지방에서 젊고 날렵한 무당을 만난 적이 있다. 그는 지팡이를 삼키고 불에 단 석탄이나 유리를 삼키고 사람들 눈앞에서 사라진 동전을 입에서 뱉어 내는 등, 앞에서 열거한 모든 마술을 다 할 줄 아는 무당이었다. 그러나 그럼에도 불구하고 사람들은 그를 최고의 무당이라 여기지 않았으며, 오히려 그런 것은 전혀 할 줄 모르는 늙은 여자 무당을 더욱 존경했다. 훌륭한 무당은 여러 가지 특별한 능력을 가져야 하지만, 가장 중요한 것은 주위 사람들에게 어느 정도 강력한 인상을 주는 기술과 능력이다. 그런 무당은 자신에 대해서 많이 말하지 않으며, 욕심이 많지 않고 많은 것을 요구하지도 않는다. 그리고 평범한 사람들을 대할 때에도 그 어떤 고압적인 자세나 우월감 같은 것이 보이지 않으며, 내부의 힘으로 타인의 의식을 꿰뚫어 보아 주변 사람들이 저절로 머리를 숙이고 신뢰하고 복종하게 만든다. 그런 무당에 대해서는 "저 무당은 거짓말을 하지 않는다. 거절하거나 아니면 도와줄 뿐이다"라고 말한다.

북쪽으로 갈수록 무당들의 능력이 더 강하며, 여자 무당이 남자 무당보다 더 강력하다(콜리마 지방, 1883). 야쿠트인의 무속에서는 여성적인 요소가 뚜렷한 역할을 한다. 콜리마 지방의 무당들은 특별한 의상이 없으며, 그냥 여자 옷을 입는다. 무당들은 머리를 길게 길러 여자들처럼 묶어 올리거나 땋는다. 일반적으로 뛰어난 남자 무당은 여자들처럼 자식을 낳을 수 있다고 믿는다. 앞서 언급했던 무당 미칠라는 몇 번이나 자식을 낳았는데, 물고기인 고치고기를 낳았다. 남 지방의 다른 무당은 까마귀를 낳았는데, 산통이 너무 심해 죽을 뻔했다고 한다. 무당들은 갈매기, 오리, 늑대 등을 낳기도 한다(남 지방, 1888). 굿의 전 과정은 어떤 성적 특징들을 가지는데, 노래는 성적인 암시와 비교로 가득하며, 춤은 점차 노골적인 몸짓과 행동으로 변해 간다.

무당과 가까우며 친족으로 여겨지기도 하는 것이 대장장이다. 따라서 "대장장이와 무당은 한 둥지에서 나왔다"(콜리마 지방, 1882), "대장장이와 무당은 동일한 수준이다", "무당의 아내는 중하게 여기며, 대장장이의 아내는 귀하게 여긴다"(남 지방, 1889)라고 말하기도 한다. 대장장이도 치료를 할 수 있으며, 조언을 하기도 하고 예언을 하기도 한다. 그러나 그들의 지식에는 마법적 성격이 없다. 그들은 단순히 지혜로운 사람들, 특별한 손을 가진 많은 것을 아는 사람들이다(베르호얀스크 지방, 1880). 대장일은 주로 북부 지방에서 하며, 대부분 대를 이어 가업으로 계승된다. 9대째 대장장이라면 이미 어떤 초자연적인 특징을 가지며, 조상 중에 대장장이가 많을수록 그런 특징은 더욱 강해진다.[29] 귀신들은 보통 쇳조각이 부딪히는 소리나 풀무의 소음을 무서워한다. 콜리마 지방에서 내가 집안에 연장통을 둔 채 무당을 불렀을 때, 그는 굿을 하려 들지 않았다. 귀신들이 대장장이(나)[30]를 무서워해서 불러도 내리지 않는다고 설명했다. 대장장이는 9대째가 되어야 자신이 아무런 해를 입지 않으면서도 무복이나 북의 철제 장신구를 만들 수 있으며, 무당이 굿을 할 때 목에 거는 사람 형상의 동판 조각[31]을 만들 수 있다. 이와 관련해서,

---

29) 옛날이야기들에도 대장장이(다르한), 대장장이 집안이 자주 등장한다. 다르한, 타르한은 몽골어로 '대장장이'다.

30) (옮긴이 주) 이 책의 저자인 세로셉스키는 야쿠티아 유형 생활 중에 대장장이로 일하기도 했다.

"무당의 장신구를 만드는 대장장이의 조상 중에 충분히 많은 대장장이가 있지 않으면, 그래서 그 조상들의 망치 소리와 불꽃이 그를 사방에서 둘러싸 보호해 주지 않으면, 구부러진 발톱과 부리를 가진 새들이 그의 심장을 찢어 버린다"고 말한다(남 지방, 1889). 조상 중에 대장장이가 많은 존경받는 대장장이가 영혼을 담아 만든 도구는 스스로 소리를 낼 수 있다고 한다(남 지방, 1888). 훌륭한 무당의 옷에는 1푸드[32]의 철이 소요되며, 30 또는 35푼트[33] 미만이 소요되는 경우는 드물다. 은으로 장식된 무게가 1푸드에 달하는 무복은 12~15루블 정도를 지불해야 한다. 보통의 무복은 5루블 또는 3루블에도 살 수 있다.

무당의 무복은 소가죽으로 만든 긴 겉옷인데, 앞은 짧아 무릎을 덮지 않으며 뒤는 길어 땅에 닿을 정도가 된다. 그리고 가장자리와 등판에는 무두질된 순록 가죽을 가늘게 잘라 술 장식처럼 붙여 놓았고, 이 가죽끈마다 나름대로의 명칭, 붙이는 장소, 상징적 의미를 가지는 다양한 형태의 쇠 장식들이 달려 있다. 이 쇠 장식들의 명칭과 형태

---

31) (옮긴이 주) 이것도 수호령 '외뫼갸트'라 불린다.

32) (옮긴이 주) 1푸드는 16.38kg.

33) (옮긴이 주) 1푼트는 407.7g.

에 대해서는 과거에 무당이었던 한 야쿠트 노인에게서 내가 직접 들은 대로 다음과 같이 제시한다.

1) 큔게타(태양) – 둥글고 평평한 빛나는 금속판으로 크기는 찻잔만 하며, 등판 중앙에 부착한다. 자유롭게 흔들릴 수 있도록 금속판 중간에 구멍을 뚫어 짧은 가죽끈으로 매달아 놓는다.

2) 오이본-큔가(태양의 구멍) – 앞의 1)과 같은 크기와 형태의 금속판이지만 중간에 구멍을 더 크게 뚫어 1)의 위에 묶어 놓거나 또는 긴 가죽끈에 매달아 아래로 늘어지게 한다.

3) 콘데이 키한 – 굵기가 새끼손가락만 하고 길이는 그보다 더 긴 속이 빈 금속 파이프로, 등판에 고리를 만들어 무수히 많이 걸어 둔다.

4) 칠리리트 키한 – 길이와 너비가 엄지손가락만 한 평평한 금속판으로, 등판의 허리 윗부분에 무수히 많이 걸어 둔다.

5) 호보 – 등판 옷깃 아래에 늘어지도록 부착하는 구리종들로, 속이 비어 있고 혀가 없다. 형태와 크기는 까마귀 알을 연상시키는 정도다. 윗부분은 물고기 머리 모양으로 홈이 나 있으며, 가죽끈이나 금속 고리로 옷에 부착

무당의 무복(전면)

한다.

6) 뷰르규네 – 두 개의 둥글고 편평한 금속판으로, 모양은 야쿠트 여성용 방한화(투삭타)에 부착하는 장식과 비슷하지만 표면에 그림이 없다. 양쪽 어깨에 단단히 고정시켜 둔다.

7) 오이오고스 티미랴 – 두 개의 금속판으로, 너비는 손가락 네 개 정도이고 길이는 너비의 1/4 이하로 양 옆구리에 부착한다.

8) 타비탈라 – 너비가 손가락 두 개 정도인 두 개의 긴 철판으로, 양쪽 소매에 부착한다. 하나는 상박 부분에 부착하며 다른 하나는 하박 부분에 부착하는데, 그 끝에서 손목 사이에는 가죽끈들을 수술 장식처럼 길게 늘어뜨린다.

9) 외뫼갸트, 아바기타 아마갸트 – 표면에 손과 발, 머리, 코, 입, 눈, 귀가 정확히 묘사된 사람이 그려져 있는, 너비가 손바닥 절반 정도에 검지 길이의 구리판 또는 중앙에 사람 형상이 새겨진 구리 메달이다.

10) 발리크-티미르(물고기) – 약 1/4아르신[34] 정도의 길이에 너비가 손가락 두 개 정도인 물고기 모양의 구리판

---

34) (옮긴이 주) 1아르신은 71.12cm.

으로, 물고기의 머리, 지느러미, 꼬리, 비늘이 새겨져 있다. 등판 하단에 넓적다리 중간 부분까지 길게 늘어지도록 부착한다. 콜리마 지방에서는 땅에 닿을 정도로 늘어뜨린다. 이것을 잡으려고 몰려드는 하급 귀신들을 불러 모으기 위한 미끼용이다(콜리마 지방, 1883).

11) 초란 – 작고 속이 빈 구리 방울이며, 무복 등판 하단에 수술 장식처럼 발뒤꿈치까지 늘어뜨린 가죽끈들의 끝 부분에 부착한다.

무복의 앞부분은 매끈하며, 가죽끈으로 가슴을 여미게 되어 있고 목 아랫부분은 망아지 혀 모양의 고리로 잠그게 되어 있다. 그리고 새, 물고기 등 각종 동물의 형상과 천체의 상징물들이 매달려 있고, 철로 만들어진 인간 두개골이나 내장 모습의 장식물도 달려 있다. 북부 지방에서는 위에 기술한 무복이 없는 경우에는 송아지 가죽으로 만든 여성용 모피 코트를 입는데, 등 쪽에 태양 두 개, 물고기 등 몇 가지 중요한 장식물들을 매달며, 가슴 부분에는 여성의 가슴을 상징하는 두 개의 둥근 금속판을 매단다. 그리고 북부 지방에서는 머리에 귀까지 덮이는 여성용 모자를 쓰지만, 남부 지방에서는 그런 관습을 보지 못했다. 남부 지방에서는 대개 모자를 쓰지 않고 굿을 한다.

일반적으로 무당 의복의 각종 금속 장식들은 녹슬지 않으며 '이치테'라는 귀신을 담고 있다고 믿는다.

무당은 마법적인 힘을 가지는 무복을 항상 맨몸에 걸쳐 입는다. 굿을 하는 동안 "쇼! 키르딕! 초오! 오오! 오! (좋다! 맞다! 초오! 오오! 오!)"라고 소리 지르며, 무당을 지지해 주는 사람인 '쿠투룩수트'('꼬리'라는 의미)의 손에서 무복을 건네받아 입는다. 쿠투룩수트는 북을 불에 쬐어 소리가 더 잘 나게 하는 등 무당을 위해 여러 가지 일을 해 준다. '툰규르'(북)는 항상 타원형인데, 길이가 2와 1/2푸트[35]이고 너비가 2푸트에 높이가 4~5인치다. 북의 테는 '킬'이라 불리는 가장 좋은 낙엽송 고목으로 만든다. 북의 테는 북을 만든 가죽과 동일한 가죽으로 일곱 군데, 아홉 군데 또는 열한 군데를 감아 장식한다.[36] 북 안쪽에는 중간에 쇠로 된 고리 또는 십자가를 중심으로 가죽끈을 십자형으로 테와 묶어 두는데, 그것을 툰규르 비에리크(북의 매듭)라 부른다. 무당은 상응하는 매듭에 손가락을 넣어 중간의 쇠 장식을 잡는다.

---

35) (옮긴이 주) 1푸트는 약 30cm.

36) 가죽은 반드시 세 살배기 황소의 가죽이어야 한다.

무당의 북

북 안쪽의 테를 따라서, 특히 '북의 매듭'이 있는 곳에는 수많은 작은북, 철이나 뼈로 만든 방울들을 달아 두어 무당의 작은 움직임에도 소리가 나도록 해 둔다. 무당은 왼손에는 암말이나 순록의 다리 가죽으로 감싼 작고 약간 구부러진 방망이를 쥔다. 그리고 유르트 가운데 바닥에 깔아 놓은 흰 암말 가죽 위에 앉는다. 그리고 화로의 불은 꺼 두며, 모인 사람들은 유르트 벽을 따라 둘러앉는다. 그러면 무당의 의식이 시작된다.

종종 무당이 북도 두드리지 않고 무복도 갖추어 입지 않고 평상복 차림으로 집의 중앙에 놓인 의자에 앉아 '작은 굿'을 행하기도 한다. 그 경우 무당은 끝에 흰말의 갈기로 만든 술이 달린 채찍 또는 나뭇가지를 쥐고 있는데, 그 술의 수는 3, 5 또는 7로 항상 홀수로 한다. 이 경우에도 화로의 불은 꺼 두는데, 다만 화로에 말갈기 몇 가닥을 던져 넣는다. 무당은 춤은 추지 않으며, 앉은 채로 노래하며 다리를 흔든다.[37]

무당은 다양한 이유로 초빙된다. 미래를 알고자 하거나 무엇을 잃어버린 경우, 복을 비는 경우, 결혼식이나 전

---

37) 그멜린은 무당이 다리에 방울들이 달린 특별한 토시 같은 것을 신는다고 보고했는데, 나는 야쿠트인들이 그런 신발로 갈아 신는 것을 보지 못했다.

통 명절 으스아흐 또는 기타 명절에도 무당을 부르지만, 주로 병을 치료할 목적으로 무당을 부른다. 무당은 모든 병을 치료하는데, 주로 '야쿠트적인 질병'을 치료한다. 그런 병으로는 무엇보다 원인을 알 수 없는 신경증, 즉 히스테리, 광기, 발작, 성 비투스 병(무도병)을 들 수 있고, 또한 성무력증, 불임, 산욕열 및 기타 여성 질환을 들 수 있으며, 심장, 간, 위, 창자 등에 날카로운 통증을 수반하는 내장 기관의 질병도 이에 포함된다. 마지막으로 종기, 상처, 탈골이나 골절, 두통, 안질환, 류머티즘 등과 각종 전염성 티푸스와 폐렴이나 후두염 등도 여기에 해당된다.[38] 그 외에 무당은 폐결핵도 치료하는데, 그것은 불치의 병으로 여겨져 다만 고통을 줄여 주기 위한 치료를 할 뿐이다. 설사, 성홍열, 홍역, 천연두, 매독, 임파선 종양, 한센병 등은 '큰 병'이라 부르며 치료를 거절한다. 특히 천연두를 두려워해, 그 병이 발생한 지 얼마 지나지 않은 집에서는 굿을 하는 것조차 꺼린다(남 지방, 1888). 천연두와 홍역은 '할머니'라 부르는데, 그것들은 러시아 옷을 입은 두 명의 러시아 여자로 형상화되며, 희생자를 점찍어 그 집으로 찾

38) 이곳에서 폐렴과 후두염은 종종 치명적인 전염병의 특징을 보인다.

아간다고 한다. 1883년도에 콜리마 지방에 천연두가 돌았을 때, 야쿠트 큰 무당 한 명이 치료를 해 보려고 이틀 동안이나 굿을 했지만 전혀 나아지지 않자 3일째 되는 날에 포기한 일이 있었다고 한다(콜리마 지방, 1883). 당시 축치족 무당이 천연두를 치료해 보려고 3일간 먹지도 마시지도 쉬지도 않고 굿을 하다가 결국 쓰러져 죽은 일이 있었다고 한다(콜리마 지방, 1883).

모든 질병은 사람에게 깃든 악령 때문에 발생한다고 보며, 치료의 방식은 항상 거의 동일하다. 즉, 초대받지 않은 손님을 겁주거나 달래서 몰아내는 것이다. 가장 단순한 치료법은 불로 치료하는 것인데, 다만 종기, 탈골, 류머티즘 통증, 덧난 상처 등 몇 가지 질병만을 치료한다. 나는 콜리마 지방에서 그런 치료 장면을 본 적이 있다. 한 청년이 손가락을 다쳐 곪았다. 그는 다른 사람들이 그러는 것처럼 손가락에 외르(귀신)가 들었다고 여겼고, 그래서 그것을 쫓아내고자 했다. 그는 뜨거운 석탄을 집어 들고 아픈 손가락 근처에 대고 불었다. 그러자 아픈 부위가 화상으로 부풀어 오르다가 톡 소리를 내며 터져 버렸다. 호기심에 주위에 모여든 사람들은 놀라서 소리를 질렀고, 청년은 만족한 듯이 미소를 지으며 "봤지요? 그것(귀신)이 나가는 걸"이라고 말했다. 불로 치료하는 방법은 야쿠트인들 사이에 널리 퍼져 있다. 특히 북부 지방에 더 널리 퍼져 있는데, 나는 베르호얀스크에서 류머티즘으로 고생하던 한 노인을 본 적이 있다. 그의 몸은 말 그대로 깊은 화상으로 가득했다. 그는 통증이나 부기가 생기면, 즉시 불을 붙인 부싯깃이나 천 조각을 환부에 올려놓고 모두 다 탈 때까지 기다리는 방법으로 치료를 했다. 그러면 집 안에 천 조각과 살이 타는 냄새가 가득해졌고, 노인은 고개를 외로 꼰 채 때때로 신음하며 참고 앉아 있었다. 야쿠트인들이 조소 섞인 말로 '야쿠트식 파리'라고 부르는 그런 치료 방법이 전혀 도움이 되지 않는다는 것을 그 어떤 이유로도 납득시킬 수 없었다.

일반적으로 널리 확산되어 있고 보다 덜 잔혹하며 '외르'를 쫓아내어 고통을 줄여 줄 수 있는 치료 방법으로, 쇠를 두드리거나 소음을 내거나 고함을 치는 등의 방법이 있다. 지금도 기억하는데, 내가 콜리마 지방에서 머물 때, 집주인이 심장병으로 고생하는 부인을 위해 귀신을 놀래 쫓아내기 위해 한밤중에 쇠를 두드리며 고함을 쳤던 일이 있다. 같은 지방 다른 곳에서도 역시 한밤중에 쇠솥을 두드리는 소리에 잠을 깬 적이 있다. 야쿠트인 집주인이 며칠에 걸쳐 악몽을 꾸자 그런 방법으로 귀신을 쫓아내고자 했던 것이다. 그는 내게 "잠이 들기만 하면 얼굴이 가려진 키

큰 사람이 침대 옆에 서 있는 꿈을 꾼다"고 하소연하기도 했다. 보통 야쿠트인들은 꿈을 믿으며 꿈을 무서워하기도 한다. 그들은 종종 잠결에 울기도 하고 신음하거나 노래를 하기도 하지만, 그것보다 더 자주 딱정벌레처럼 딩딩거리는 소리를 길게 내거나 커다란 늑대가 내는 끔찍한 소리와 비슷한 소리를 내기도 한다. 무당이 노래를 할 때도 종종 그와 비슷한 소리로 시작하기도 한다. 꿈에 나타나 괴롭히는 귀신을 쫓아내기 위해서는 침대 밑에 칼이나 가위 또는 기타 날카로운 금속 도구를 침대 밑에 잘 숨겨 두고, 침대 가까이에 몽둥이, 도끼, 총 또는 단순한 철 쟁기 등을 세워 두어야 한다고 한다. 항상 사용되는 도구는 아니지만, 가장 확실하게 귀신을 쫓아 주는 것은 불이라고 한다(베르호얀스크 지방, 1881). 야쿠트인들은 집 안으로 귀신이 들어오는 것을 막기 위해 집 문턱에 타다 만 장작을 던져 놓기도 한다. 또 야쿠트인들은 새로 산 가축을 처음으로 외양간에 몰아넣을 때 불을 넘어 지나가도록 하기도 한다(콜리마 지방, 1883). 그리고 소리나 사물뿐 아니라 사람도 보이지 않는 힘을 몰아내는 능력을 가지고 있기도 하다. 어떤 사람은 가끔, 어떤 사람은 항상 그런 능력을 발휘하기도 한다. 예를 들어, 곰을 죽인 적이 있는 사람은 몇 가지 질병을 치료할 수 있다. 나는 콜리마 지방에서 그런 사냥꾼이 눈병을 치료하는 것을 본 적이 있다. 그는 눈병 걸린 여자를 문간방으로 데려가서 그녀의 눈 가까이에 얼굴을 대고 "우흐!" 하고 세 번 소리쳤다. 병이 심각하지 않고 병을 몰아내는 사람이 용맹하면, 병은 사라진다고 한다(콜리마 지방, 1883). 먼 곳을 여행하고 돌아온 사람도 몇 가지 특징을 가지게 된다. 어린아이는 그런 사람의 발 때문에 고통을 겪을 수도 있다(베르호얀스크 지방, 1882). 그리고 그런 여행자의 말굴레를 벗겨 아직 온기가 가시지 않은 재갈을 후두염, 혓바늘 또는 인두염을 앓고 있는 사람의 입에 넣으면 병이 낫는다고 한다(알단 지방, 바야간타이 지방, 1884).

무당은 아니지만 다른 사람들이 보지 못하는 것을 보고 듣지 못하는 소리를 듣는 능력이 있는 사람도, 불행을 당한 사람이나 병에 걸린 사람들에게 조언을 해 줄 수 있다(남 지방, 1886). 그런데 그런 마법적인 능력을 가진 사람들 중에는 주변 사람들에게 해를 주는 데서 만족을 느끼는 마법사들도 있다. 그런 사람들과는 무당이나 동일한 능력을 가진 마법사만 대적할 수 있다(콜리마 지방, 1883).

이런 믿음, 그리고 귀신과 싸우는 주된 힘인 무당의 의례들은, 보통 사람의 힘으로는 감당하기 어려운 불행을 당한 사람에게 도움을 주는 것을 과제로 삼는 일종의 신앙처럼 종합되고 체계화된다. 그런 신앙을 주재하는 선택된 자인 무당은 자연스럽게 불행한 사람들의 보호자이자 사람과 귀신 간 대립의 중재자가 된다. 따라서 무당은 종종 귀신들의 용서할 수 없는 적이자 위협적인 지배자가 됨과 동시에 귀신들의 소유물이자 희생물이 되기도 하다. 귀신들은 무당이 강하고 젊을수록 그를 두려워해 말을 잘 듣지만, 무당의 힘이 약해지거나 늙게 되면 반드시 그에게 겪은 수모를 앙갚음한다(남 지방, 1889). 앞에서 소개한 무당 튜시프트는 "우리 무당들은 모두 죽으면 악마의 손에 떨어집니다. 물론 우리만 그런 것은 아닙니다. 우리는 나쁜 짓을 하지 않아요. 반대로 사람들을 도와줍니다. 그리고 바로 그것 때문에 귀신들이 우리에게 화를 내는 거지요. 우리보다 먼저 악마의 손에 떨어지는 것은 사람들을 괴롭혔던 교회 신부들, 다양한 계급의 지주들과 관리들, 촌장들, 부자들 등입니다. 권력을 가졌지만 올바르지 못하게 행동했던 모든 사람들이 우리보다 먼저 악마의 손에 떨어지는 거지요"라고 말했다. 그리고 그는 "권력은 사람들의 눈물 없이는 유지될 수 없나 봅니다"라고 덧붙였다(남 지방, 1889).

무당이 짊어지게 되는 의무는 그리 쉬운 것이 아니며,

무당이 벌이는 귀신과의 싸움도 위험한 것이다. 이와 관련해서, 산 채로 하늘로 잡혀 간 무당 이야기, 귀신들에게 죽임을 당한 무당 이야기, 자신이 겁 없이 불러낸 강력한 귀신을 본 순간 바로 혼절해 버린 무당 이야기 등이 있다. 무당은 단지 물질적인 이익 때문에 귀신과 싸우는 것이 아니다. 주변 사람들의 고통을 덜어 주기 위해 그렇게 하는 것이다. 자신의 소명에 대한 믿음과 확신이 가득 찬 무당, 자신의 안위는 생각하지 않고 희생이라는 숭고한 빛을 내는 무당, 그런 무당은 항상 사람들에게 커다란 인상을 준다. 나는 두어 번 그런 진정한 무당을 보고 나서야 무당을 큰 무당, 중간 무당, 사이비 무당으로 나누는 이유를 이해할 수 있었다. 유능한 무당은 빛과 어둠, 침묵과 주문을 아주 적절하게 배분하며, 그의 목소리는 극히 유연하고 행동은 아주 독특하고 인상적이며, 북을 두드리는 것과 그 소리조차 매 순간과 정확히 조응한다. 그리고 이 모든 것은 독특하고 예지 넘치는 말의 흐름, 예술적이며 때로는 우아하기까지 한 은유적 표현들로 가득 차, 보고 듣는 사람으로 하여금 저 야생적이고 자유로운 영혼의 유현한 행위의 매력에 저절로 빠져들게 한다.[39]

---

39) 무당의 주문에는 "해가 뜨면 일어나라"라는 일상적인 표현 대신에

굿의 외형적 형식은 극히 단조롭다. 관례상 굿의 골격을 구성하며 언제 어디서나 동일한 부분은 다음과 같다. 환자를 위해 초빙된 무당은 유르트에 들어오자마자 유르트 내에서 가장 귀하게 여겨지는 자리, 즉 '빌리리크 오론'에 앉는다. 그리고 가져온 흰 암말 가죽을 깔고 누워 굿을 하기에 적당한 밤 시간이 오기를 기다린다. 기다리는 동안 집안사람들은 무당에게 음식을 대접하고 귀하게 모신다. 마침내 해가 지고 어둠이 찾아온다. 그러면 집안사람들은 서둘러서 굿을 준비한다. 바닥을 쓸고 장작을 준비해 놓으며, 보통 때보다 더 풍성하고 맛있는 저녁 식사를 준비한다. 그러는 사이에 이웃 사람들이 모여들어 유르트 벽을 따라 놓여 있는 의자에 앉는다. 남자들은 오른쪽에 앉으며 여자들은 왼쪽에 앉는다. 서로 이야기할 때는 소리를 낮춰 조심스럽게 말하며, 움직일 때도 재빨리 조심스럽게 움직인다. 한편, 야쿠티아 북부 지방에서는 집주인이 가장 좋은 가죽끈으로 나비 모양의 매듭을 두 개 만들어 놓았다가 나중에 한쪽 고리는 무당의 어깨에 걸어 두고 다른 한쪽 고리는 무당이 춤을 출 때 붙잡아 주어 무당이

"태양의 첫 번째 햇살이 소나무 꼭대기를 스칠 때 일어나라!"(남 지방, 1887) 또는 "불길의 그늘로 던져라!"(콜리마 지방, 1883), "나의 북, 나의 말, 그리고 바람과 나의 날개" 등의 표현이 가득하다.

귀신에게 납치되지 않도록 한다. 이제 집의 모든 사람들이 저녁 식사를 마치고 집안 정리를 끝내고 정해진 자리에 앉아 기다리고 있다. 무당은 '빌리리크' 가장자리에 걸터 앉아 있으며(보통 그곳에 두는 탁자는 치워 버린다), 무언가 중얼대면서 천천히 머리를 땋고 있다. 종종 무언가를 지시하기도 한다. 그러다가 가끔씩 날카로운 소리를 내며 일부러 딸꾹질을 하는데, 그럴 때면 그의 몸이 이상하게 떨린다. 그는 주변은 전혀 둘러보지 않는다. 그의 눈길은 바닥에 고정되어 있거나 보통 불에 고정되어 있다. 불은 서서히 꺼지도록 둔다. 그러는 사이에 점점 더 어두워져 집 안에도 어둠이 가득하다. 사방이 조용하다. 사람들도 서로 귓속말로 속삭이고 있다. 이제 곧 문을 잠그고 아무도 드나들지 못하게 할 것이니, 밖에 나갔다 오고 싶은 사람은 지금 빨리 다녀오라고 말하는 소리가 들린다. 무당은 천천히 옷을 벗고 마법적인 힘을 가진 무복을 입는다. 무복이 따로 없는 경우에는 여자용 겉옷인 산기야흐를 입는다. 옷을 입자 무당에게 담배 파이프를 준다. 무당은 오랫동안 담배를 피워 연기를 삼키고 있다. 그의 딸꾹질 소리는 점점 커지고 몸도 더 심하게 떨리고 있다. 마침내 담배를 다 피웠다. 그의 얼굴은 창백해졌고, 고개를 깊이 숙이고 눈을 반쯤 감고 있다. 그러는 사이에 무당이 잠자는

데 사용했던 흰 암말의 가죽을 집 중앙에 펼쳐 놓았다. 무당은 찬 물을 달라고 해서 벌컥벌컥 들이마시고는 마치 잠결에 움직이는 것처럼 천천히 몸을 움직여 의자 위에 놓아둔 채찍, 나뭇가지 또는 북채를 집어 든다. 그리고 집의 중앙으로 나가 오른쪽 무릎을 네 번 꿇어 동서남북 사방에 대고 절하면서 둥글게 자신의 주위로 입에서 물을 뿜는다. 사방이 조용해졌다. 화롯불에는 흰 말갈기 한 줌을 던져 넣어 태우다가 불을 끄고 재를 덮는다. 석탄이 희미한 빛을 내고 있는 동안 고개를 숙인 채 북을 마치 방패처럼 가슴 앞에 놓고 가만히 앉아 있는 무당의 모습이 언뜻 보인다. 그의 얼굴은 그가 깔고 앉아 있는 말가죽과 마찬가지로 남쪽을 향하고 있다. 마침내 어둠은 더욱 짙어졌고 집 안에 있는 모든 사람들도 숨을 죽이고 있다. 오로지 무당의 중얼거리는 소리와 딸꾹질 소리만 들리고 있다. 그러다가 그 소리마저 잠잠해지고, 그 순간 죽음과 같은 적막이 찾아온다. 얼마의 시간이 지난 뒤, 철이 부딪히는 날카로운 소리와 하품 소리가 들리고, 그것에 이어 깊은 어둠에 잠긴 집 안 그 어디에선가 날카로운 매 또는 갈매기의 울음소리 같은 것이 크고 명확하게 들려온다. 그리고 다시 조용해지고, 마치 모기가 윙윙거리는 소리처럼 북이 떨리는 소리가 들려와 무당이 북을 두드리기 시작했다는 것을 알 수 있다. 그 소리는 처음에는 아주 여리고 부드럽고 미세한데, 나중에는 마치 밀려오는 폭풍 소리처럼 불규칙하고 거세지며 점점 더 커져 간다. 그 소리 사이로 까마귀, 아비, 갈매기의 울음소리, 매나 독수리의 울음소리가 마치 번개가 치듯이 언뜻언뜻 들려온다. 마치 하늘 위로 높이 나는 모든 새들이 다가올 일을 무서워해 하늘을 이리저리 날아다니면서 걱정스런 울음소리로 유르트를 가득 채우는 것 같다. 북소리는 점점 커지다가 정점에 달한다. 빠르고 강한 북소리가 역시 점점 커져 가는 방울소리, 각종 쇠 장식 소리, 작은북들의 소리와 섞여 들린다. 그것은 이미 폭풍 소리가 아닌, 모여 있는 모든 사람의 의식을 집어삼킬 듯한 거대한 폭포 소리다. 그러다가 갑자기 모든 소리가 중지된다. 그리고 한 번, 두 번 강력한 북소리가 들리며, 또 한 번의 커다란 북소리는 공중에 걸려 있는 듯하다가 앉아 있는 무당의 무릎 위로 내려앉는다. 그리고 다시 사방이 적막해진다. 수많은 방울들조차 갑자기 숨을 죽이는 듯하다. 그리고 다시 미세한 소리, 모기가 윙윙거리는 듯한 소리가 들리다가 점차 북소리가 커져 간다.

이런 과정은 무당의 영감에 따라 몇 가지의 변형을 포함해서 몇 차례 반복된다. 그리고 마침내 북소리가 어느 정도 고르게 나면서 음울하게 부르는 다음과 같은 무당의 노랫소리가 간헐적으로 뒤섞인다.

1. "땅 위의 힘센 황소여… 초원의 말이여!"

2. "나, 힘센 황소가… 울부짖는다!"

3. "나 초원의 말이 울부짖는다!"

4. "나는 모든 이의 위에 있는 사람!"

5. "나는 누구보다 능력이 뛰어난 사람!"

6. "나는 신 중의 신이 만든 사람!"

7. "초원의 말이여, 나오시오! 나를 가르치시오!"

8. "마법의 소여, 나오시오! 말하시오!"

9. "영험한 주인이여, 명령하시오!"

10. "나와 함께 가는 모든 이여, 귀를 열고 들으시오! 내가 부르지 않은 자는 나를 따라 오지 마라. 저리 가라!"

11. "저 앞, 가까이 오도록 부름 받은 자여, 멈추지 마시오! 모두들 똑똑히 보게 하시오! 모두들 정확히 듣게 하시오! 당신도 조심하시오!"

12. "잘 보시오! 모두들 그렇게… 모두 함께… 있는 대로 모두 함께."

13. "지팡이를 든 여인이여, 당신은 왼쪽으로 서시오. 내가 잘못 가거나 다른 길로 가면, 청컨대 바로잡아 주시오! 제대로 알려 주시오!"

14. “나의 어머니여, 실수를 알려 주고 길을 알려 주시오! 원하는 대로 날아가라! 나의 넓은 길을 활짝 열어라!”

15. “남쪽 아홉 개 숲 속에 사는 태양의 정령들, 태양의 어머니들, 나를 부러워하겠지만… 모두에게 부탁하건대… 그대로 서 있게 하시오…. 당신들의 그늘 세 개가 높이 떠 있게 하시오!”

16. “동쪽 산에 사는 나의 할아버지, 강한 힘에 목이 두꺼운 나의 할아버지, 나와 함께해 주시오!”

17. “그리고 너, 흰 턱수염의 존경 받는 마법사(불)여, 너에게 부탁하니, 내 모든 생각에, 나의 모든 뜻에 따라라…. 내 말을 잘 들어라! 그리고 행하라! 모든 것을 이행하라!”

다시금 북소리가 정점을 향해 치달으며, 동물의 울음소리 같은 외침이 들리고 간헐적으로 알아들을 수 없는 목소리도 들린다. 그러다가 갑자기 조용해진다. 앞에 소개한 주문은 야쿠티아 지방 전체에 동일한 것으로 보이며, 모든 의식은 그 주문으로 시작된다. 그보다 더 길고 확장된 형식이 있기는 하지만 채록할 수 없었다. 굿의 다음 부분은 자의적이어서, 무당마다, 그리고 굿을 할 때마다 매번 다르게 변형된다.

무당은 계속 노래하면서 자신의 외뫼갸트 및 다른 수호령들에게 도움을 청하고 쾰뢴과 대화를 나누며, 그들에게 질문하고 그들의 이름으로 답을 한다. 청하는 혼령들이 올 때까지 무당이 오랫동안 북을 치며 기도하는 경우도 있다. 종종 혼령들이 너무 급작스럽게 나타나거나 그 모습이 너무 끔찍해 무당이 놀라 쓰러지기도 한다. 그런 경우 무당이 앞으로 쓰러지면 좋은 징조라 여기며, 뒤로 쓰러지면 모여 있던 사람들이 그의 몸 위에서 쇠를 두드리면서 "불에 단 쇠가 탁탁거린다…. 다양한 모양의 먹구름이 뒤섞인다! 커다란 구름 더미가 올라갔다"라고 말한다(콜리마 지방, 1883). 또는 그의 몸 위에 불을 떨어뜨리면서 "스렐! 스렐! 스렐! 자작나무 껍질로 만든 통의 한 부분, 위에서 불이 떨어졌네"라고 말한다(콜리마 지방, 1883). 또한 "킨-차한! 킨-차한! 큔듈-산딜! 우오트 이치테 사닐리에르"라는 번역이 불가능한 말을 하기도 한다(남 지방, 1889).

외뫼갸트가 무당에게 내리면, 무당은 일어서서 먼저 말가죽 위에서 펄떡펄떡 뛰고 발을 구르다가 점점 그 동작을 빨리 하면서 집의 중간으로 뛰어나간다. 그때 서둘러서 화로에 나뭇조각을 넣어 장작에 불을 지핀다. 그러면 환한 불빛이 유르트 가득 퍼지며 무당의 동작이 명확히 보이게 된다. 무당은 계속해서 춤추고 노래하고 북을 친다. 그는 미친 듯이 뛰면서 몸을 비틀어 먼저 남쪽으로 얼굴을 돌렸다가 다시 서쪽과 동쪽으로 얼굴을 돌린다. 그럴 때는 무당의 양쪽 어깨에 나비 모양 매듭 한쪽을 걸고 다른 한쪽을 붙잡아 지지해 주는 사람들이 그를 감당하기 어려워진다. 한편, 야쿠티아 남부에서는 무당이 혼자 자유롭게 춤을 추며, 아무도 그를 보조해 주지 않는다. 오히려 무당이 좀 더 자유롭게 춤을 추기 위해 종종 자신의 북을 보조자인 '쿠투룩수트'에게 주는 경우도 있다. 춤의 속도와 발동작은 러시아 춤 트레팍과 비슷한데, 다만 좀 더 빠르고 경쾌함이 없을 뿐이다. 춤을 출 때 무당의 고개는 거의 숙여져 있고 눈은 반쯤 감겨 있으며, 긴 머리카락은 땀에 젖은 얼굴 위로 흐트러져 있다. 그리고 입은 기묘하게 뒤틀려 있고 이를 가는데, 입가에는 침이 흐르거나 드물게는 거품이 나 있다. 무당은 앞뒤로 움직이며 집 안을 맴돌면서 북을 치는데, 북소리도 무당 못지않게 날카로운 신음소리를 낸다. 무당은 무복 전체를 떨어 소리를 내며, 자신이 내는 소리 자체와 극도로 흥분된 몸짓에 점점 더 취해 가는 것처럼 보인다.

무당의 흥분된 몸짓은 몇 번이나 약해졌다가 강해지기를 반복하는데, 때로는 완전히 잠잠해지기도 한다. 그럴 때 무당은 북을 높이 치켜들고 고요하고 장엄하게 두드리면서 다시 하늘의 혼령들에게 기도한다. 마침내 그는 필요한 모든 것을 알게 된다. 그가 몰아내려 하는 불행이나 병의 원인을 알게 된다. 그리고 그에게 필요한 모든 혼령들의 협력을 약속받고 나서 북치고 노래하고 춤추면서 환자에게로 향한다. 그리고 그는 병의 원인을 새로운 주문으로 몰아내는데, 겁을 주어 쫓아내거나 또는 그것을 환부에서 입으로 빨아들이고 집 중앙으로 돌아와 다시 다양한 주문과 사설 끝에 뱉어 내 쫓아 버리는데, 발길질로 멀리 차 버리거나 손바닥 위에 놓고 입김을 불어 멀리 하늘로 또는 땅속으로 쫓아 버린다. 그리고 그때 무당을 환자에게 보내 준 데 대해 천상의 강력한 혼령들에게 어떤 제물로 갚아야 하는지 알려지게 된다. 한편, 무당은 손으로 빛을 가리면서 구석구석을 유심히 살펴본다. 만일 어떤 의심스러운 것이 발견되면, 그는 다시 북을 치고 춤을 추어 귀신을 겁주고 달랜다. 그는 춤을 추면서 말을 듣지 않는 귀신을 몰고 가거나 데려가는 먼 길을 여행한다. 마침내 모든 것이 정화되어 그 어디에도 의심스런 '안개'가 없으면, 즉 악의 원인이 사라졌으면, 제물이 받아들여진 것이고 기도가 이루어진 것이다. 그로써 굿은 끝나게 된다. 그 후에도 아직 혼령에 씌어 있는 무당은 주문을 외거나 질문

제물용 소를 하늘로 보내는 장면

에 대해 이상한 대답을 하거나 또는 하늘에서 무엇을 보았는지를 이야기하기도 한다. 굿을 마친 무당은 다시 자신의 말가죽 위에 앉아 노래하고 북을 치는데, 때로는 굿을 보러 온 사람들이 말가죽과 함께 무당을 들어 그의 집으로 데려다 주기도 한다(콜리마 지방, 1883).

혼령에게 바치는 제물은 일의 경중에 따라 다양하다. 때로는 사람의 병을 가축에게 옮기는데, 그런 가축은 제물로 삼는다. 즉, 하늘로 보내 준다. 무당의 춤은 혼령들과 제물이 된 가축과 함께 하늘로 여행하는 것을 묘사한다. 옛날에는 실제로 하늘로 올라갔다 오는 무당이 있었다고 하며, 그럴 때는 모인 사람들, 구름 속에 제물이 된 가축이 날아가고 그 뒤에 무당의 북이, 그리고 이어서 무복을 입은 무당이 날아가는 것을 볼 수 있었다고 한다. 그리고 실제 가축 대신에 구름으로 만든 가짜 암말을 하늘로 보낸 강력하지만 교활한 무당도 있었는데, 그런 경우 하늘에서는 그런 제물을 받아들이지 않았다고 한다(남 지방, 1888).

모든 무당에게는 그 힘겹고 위험한 여로에 자신만의 휴식처인 '올로흐'가 있다. 무당이 춤을 추다가 자리에 앉는 것은 바로 자신의 '올로흐'에 도착했다는 것을 의미한다. 그리고 다시 일어서는 것은 하늘 여행을 계속하는 것을 의미한다. 그리고 쓰러지는 것은 땅을 향해 내려오는 것을 의미한다. '올로흐'들은 서로서로 자리 아홉 개의 거리를 두고 있다. 모든 무당은 아무리 멀리 떨어져 있어도 해당 순간에 굿을 하는 무당이 어디에 있는지, 그가 어떤 올로흐에서 쉬며 어떤 길로 가고 있는지를 안다고 한다(남 지방, 1888). 악한 무당에게는 올로흐가 없다고 한다.

때때로 혼령이나 제물이 된 가축을 하늘로 보내는 것이 제물을 바칠 것을 약속한 때로부터 수개월 지난 뒤 별도의 의례로 진행되기도 한다. 나는 그런 의례에 한 번 참석한 적이 있다. 시작은 여느 굿과 다름없었다. 그러나 무당이 자신의 수호령 외뫼갸트와 접신하고 나면 길을 나서는데, 그때 제물이 될 암소를 유르트에서 마당으로 끌고 나가서, 위쪽에 보통의 쇠르괴(말을 매는 기둥)와 동일하게 홈을 파 놓은 약 2m 높이의 미리 준비해 둔 기둥에 묶어 둔다. 그 기둥 앞에는 동일한 크기에 매끈하게 다듬어진 세 개의 기둥이 세워져 있는데, 그 끝에는 나무로 만든 새의 형상이 놓여 있다. 첫 번째 기둥에는 엑세큐라고 불리는 머리가 두 개인 새의 형상이 놓여 있고, 두 번째 기둥에는 동일한 크기로 쿠아가스(큰회색머리아비)또는 수오리(까마귀)의 형상이 놓여 있으며, 세 번째 기둥에는 좀 더 작은 쾨괴(뻐꾸기)의 형상이 놓여 있다. 이 새들은 서

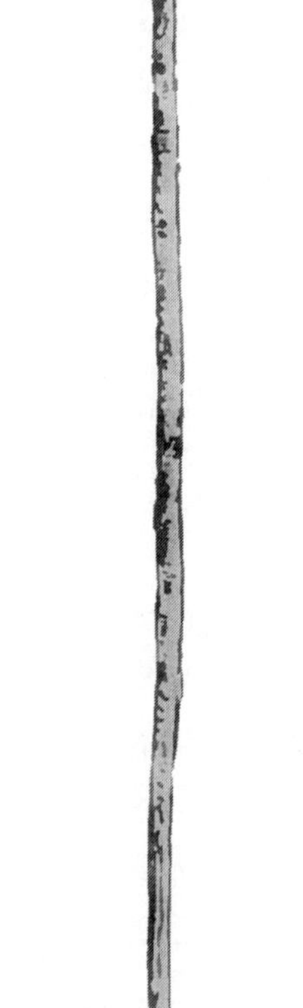

엑세큐

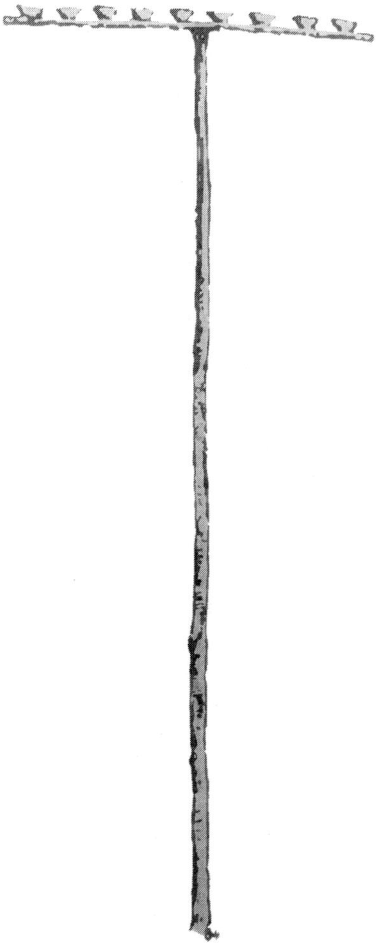

헌제용 나무 잔이 달린 나무 기둥

로서로 가까이 줄지어 놓여 있으며, 머리는 모두 남쪽을 향하고 있다. 그리고 이들과 줄을 맞춰, 윗부분의 잎은 남겨 둔 채 껍질을 벗겨 다듬은 높이 2m 이상의 전나무 기둥 아홉 개가 2m 정도의 간격을 두고 세워져 있는데, 그것들은 동물의 털로 만든 가느다란 밧줄이 연결되어 있으며, 밧줄에 흰말의 갈기로 만든 술이 장식되어 있다. 밧줄은 새의 형상이 놓여 있는 첫 번째 기둥에서부터 시작해 점차 위쪽으로 올라가도록 묶여 있는데, 이것은 무당이 제물용 소를 몰고 '새들을 따라' 하늘로 날아올라 가는 길을 상징하는 것이다(남 지방, 1889). 나는 굿을 할 때 사용했던 물건들을 버리는 깊은 숲 속에서, 앞에서 묘사한 나무로 만든 새들, 전나무 기둥들, 나무로 만든 여러 가지 형상들, 천 조각이나 말갈기로 장식된 밧줄, 그물 외에도 윗부분에 가로로 아홉 개의 작은 나무 잔이 부착되어 있는 나무 기둥도 본 적이 있는데, 그 잔들에는 피를 담았던 흔적이 남아 있었다.

또한 동물의 고기나 비계 조각, 간이 놓여 있는 다리가 긴 탁자들도 본 적이 있다. 몇 가지 의식의 경우에는 갈매기, 자고새, 멧닭 또는 수리의 형상이 사용되기도 한다.

제물용 동물은 혼령들이 가장 원하는 가장 큰 제물이라고 여겨지며, 무당이 외뫼갸트나 불러들인 다른 혼령들과 접신했을 때 죽인다. 그 후 고기를 삶아 가장 좋은 부위를 제물을 받는 신령에게 바치고, 나머지를 무당과 굿에 참석한 사람들이 먹는다. 먹고 남은 고기는 제의가 끝난 뒤에 불에 태우며, 가죽과 발굽, 머리와 꼬리는 깊은 숲 속의 나뭇가지에 걸어 둔다.[40] 그리고 그 나무 가까운 곳에

---

40) 이와 관련된 그멜린의 기록을 소개한다. "야쿠츠크. 1737년 6월 19일. 우리는 오래전부터 야쿠트인의 동물 헌제 의식을 보고 싶어 했는데, 마침내 그런 의식이 야쿠츠크에서 약 8km 정도 떨어진 레나 강변에서 6월 19일 저녁에 있을 것이라는 이야기를 들었다. 우리는 배를 타고 그곳에 도착했다. 거기에는 그 의식의 제물을 나누어 먹으러 온 것으로 보이는 많은 사람들이 모여 있었고, 무당이 제물로 쓸 송아지 가까이에서 의식을 준비하고 있었다. … 야쿠트 남자 네 명이 송아지를 꽉 붙잡고 있는 동안, 무당이 칼을 송아지의 가슴으로 찔러 넣어 심장 근처 대동맥을 자르자 송아지는 곧바로 죽었다. 무당은 송아지의 피를 조금 받아 그것으로 소나무 둥치에 세 개의 얼굴 형상을 그렸다. 그것은 마치 어린아이의 그림 같았다. 길쭉한 타원을 그린 뒤에 그 안에 동그라미 두 개로 눈을 그리고, 그 사이로 선을 내리그어 코를 그리고, 그 아래 가로로 선을 그어 입을 그렸다. 그 후 무당과 다른 사람들이 번갈아 가며 송아지의 가죽을 벗겼다. 가죽을 다 벗기자 그것을 높이 2m 정도의 기둥 네 개 위에 부착된 대 위에 올려놓았다. 그리고 일부는 고기를 찢고 뼈를 조각내었으며, 다른 사람들은 죽은 송아지의 위와 장에서 가볍게 물기를 짜냈다. 그러고는 불 위에 걸어 둔 솥에 그 모든 것을 함께 넣고 삶았다. 솥 안의 고기가 반쯤 익었을 때, 무당은 피로 그린 형상으로 다가가 절을 하고 몇 마디 중얼거렸다. 그 후 무당은 모여 있는 사람들과 함께 원을 그리고 앉아 솥에서 건져 나누어 주는 고기를 먹었

서 있는 오래된 낙엽송의 두 갈래 가지 사이의 작은 가지에, 화살 모양으로 깎은 길이 2m 정도의 막대기를 걸어 둔다. 그것의 중간에는 구멍을 뚫어 놓으며, 뾰족한 부분이 항상 남쪽을 향하도록 한다. 그것을 보통 '코체이' 또는 '코차이'라고 부르는데, 무당이 제물이 된 동물과 함께 하늘로 향하는 '길'을 상징한다(알단, 바야간타이 지방, 1884). 야쿠트어로 그것을 정확히 '코차이-쾨뢰흐'라고 한다. '쾨뢰흐'는 제물이라는 뜻이고, 그보다 더 작은 제물은 '으특'이라 부른다.[41] 야쿠티아의 숲 속 곳곳에서 그런 헌제의 흔적을 볼 수 있다. 그런 장소로 가장 선호되는 곳은, 코차이를 걸어 두는 데 필요한 둥치가 굵고 가지가 많은 낙엽송이 잘 자라는 숲, 곧 '투물'이다.

다. 솥에서 고기를 건져 먹고 있는 동안, 남아 있던 생고기를 계속 솥에 넣어 삶았다. 고기를 다 먹을 때까지 계속 그렇게 했다. 그리고 솥에 남은 국물까지 다 먹어 치웠다. 열 사람이 둘러 앉아 먹었는데, 다 먹어 치우는데 거의 한 시간이 걸렸다. 무당은 처음에 그랬던 것처럼 다시 세 개의 형상으로 다가가 절을 하고 무언가 중얼거렸다. 그렇게 해서 헌제 의식이 끝났다." (그멜린, 《시베리아 여행기》, 제2권, p. 508~509)

41) 몽골에서는 돌로 만든 전형적인 고대의 무덤을 '쾨뢰흐-수르트'라고 부르는데, 그런 명칭은 야쿠트어로는 제물을 바친 장소라는 뜻이 된다. 수르트는 가축 방목지를 의미한다.

옛날에는 무당이 자신의 손으로 직접 살아 있는 가축의 심장을 꺼내 높이 들어 올려 신령들에게 제물로 바쳤다고 한다(알단 지방, 1885). 그리고 무당은 종종 제물이 된 동물의 피를 자신의 얼굴과 몸에 바르고, 굿을 하는 데 사용되는 나무로 만든 자신의 수호령 외뫼갸트의 형상과 기타 작은 사람과 동물 형상들에도 바른다고 한다(베르호얀스크 지방, 1881).[42] 나는 콜리마 지방에서도 때때로 굿에 사용되는 나무로 만든 형상들을 본 적이 있다. 그것은 여우와 늑대의 형상이었는데, 여자 무당이 그들에게 잃어버린 물건을 찾아오라고 했으나, 여우는 찾으러 갔지만 늑대는 그냥 들판을 돌아다니기만 했고 결국 아무것도 찾아오지 못했다고 한다(콜리마 지방, 1882).

코차이는 특별한 경우에만 바치며, 대부분 살아 있는 제물을 의미하는 '틴나흐 으특'을 바친다. 즉, 혼령이 원하

---

42) "그들의 신의 형상은 눈을 빼고는 우리의 인형과 다를 게 없다. 우리 인형에는 눈이 그려져 있지만, 그들의 신의 형상에는 붉은색의 둥근 산호 또는 작은 납 조각을 붙여 눈이 좀 더 생생하게 형상화되어 있다. 그리고 그것들 역시 천으로 만들어져 있으나, 다른 이교도들이 그렇게 하는 것처럼, 그 형상을 신처럼 받들어 모신다. 동물의 지방 또는 지방이 붙은 고기가 그 신들이 가장 좋아하는 제물이다." (그멜린, 《시베리아 여행기》, 제2권, p. 476)

는 가축을 정화해 풀밭에 자유롭게 풀어 놓는 것이다. 물론 그 이전에 무당이 그 가축을 하늘로 데려가 그것을 원하는 혼령에게 보여 준다(남 지방, 1888). 제물을 하늘로 데려가는 의식에 대해서는 앞에서 기술한 바 있다. 제물로 바쳐진 동물은 팔지도 않고 죽이지도 않는다. 과거에는 젖을 짜지도 않았다고 하며, 표트르의 날[43] 즈음의 으스아흐 축제 때 살아 있는 제물인 '으특 슈외슐랴흐'의 주인 내외는 손님 중의 한 명에게 모자를 씌우고 함께 들판으로 몰래 나가 그 가축을 찾아 꼬리와 갈기, 그리고 목에 우유 크림과 마유주를 뿌렸다고 한다(남 지방, 1888). 현재 그런 의례는 사라지고 없다.

때때로 신령이 살아 있는 갈매기를 제물로 받기를 원하는데, 그런 신령을 '갈매기 아가씨 쿠오하이'라고 부른다. 그런 신령은 주로 눈을 다치게 한다. 그래서 그 신령을 위해 날개 끝이 검은 하얀 갈매기를 잡아 제물로 바치며, 무당이 노래를 부르면서 그것을 다시 놓아준다. 여기서 한 가지 이상한 무속의 예를 소개하고자 한다. 무당이 신령들 가운데에서 소의 신 '오구스 탄가랄라흐'를 부르고,

43) (옮긴이 주) 정교에서 사도 베드로와 바오로를 기념하는 날, 7월 12일.

수호령 외뫼갸트의 형상

그것이 내려오면 무당은 북에 달린 방울로 땅에 구멍을 파고 거기에 물을 부어 놓고 그것을 마신다. 그렇게 하는 것은, 옛날 옛적 두 명의 무당이 자신의 동물 형상 보조령인 '이예-킬라' 형태로 만나 서로 싸웠지만 승부를 가릴 수 없었고, 격렬하게 싸우다가 땅속으로 빠지자 하늘이 또 다른 무당을 보내 그들을 땅 위로 꺼내 주었다는 이야기를 회고하는 듯한 행동이다(남 지방, 1889).

알단 지방에서 아주 오랫동안 무당의 보조자인 쿠투룩수트로 일했던 한 야쿠트인이 내게 전해 준 바, 야쿠트인들에게는 다음과 같은 세 가지 헌제 의식이 있다고 한다.

1) 튜휴르귄 — 집에서 가축을 도살하고 삶은 내장, 지방, 고기를 집 안에서 가장 신성한 장소에 놓인 식탁 위에 두는 의식인데, 때때로 숲 속에 그런 식탁을 마련하기도 한다. 가죽은 태워 버린다.

2) 코차이-쾨뢰흐 — 가축을 숲 속에서 도살하며, 머리와 함께 가죽, 뿔, 발굽을 나무에 걸어 두고, 앞에서 기술한 것과 같이 그 나무에 하늘로 향하는 길을 표시하는 화살 형태로 깎은 나무를 가로로 걸어 둔다.

3) 우스투냐 — 무당이 접신한 상태에서 자신에게 데려온 암소의 뿔을 잡아 땅에 넘어뜨린 뒤에, 그 위에 올라앉

아 노래하며 북을 친다. 그다음 살아 있는 암소의 다리를 자르고 배를 갈라 심장을 꺼내 높이 들어 올렸다가 뜯어 먹는 시늉을 하며 이빨로 깨문다. 이때 피가 무당의 얼굴과 손, 옷에 튀게 된다(알단 지방, 바야간타이 지방, 1885), 이런 의식은 아주 오래된 것으로, 지금은 사라졌다.[44)]

앞에 기술한 헌제 방식은 환자를 치료할 뿐 아니라 다양한 불행도 예방하기 위한 모든 의식들에서 행해졌다. 병이 든 가축을 위해서도 굿을 한다. 가축이 병이 들면, 무당은 나무칼을 든 사람들과 함께 마구간과 집, 그리고 마당을 돌아다닌다. 그들은 집의 벽이나 물건, 사람, 가축 등 만나는 모든 것에 대고 "창으로 찌르고 칼로 벨 것이다! 가라! 어서 물러가라"라고 소리치면서 칼을 휘둘렀다(남 지방, 1887). 병든 송아지를 치료하는 것은 좀 더 단순하다. 사람들이 "쾨예린! 쾨예린"이라고 소리치면, 그 귀신

---

44) 가축을 죽이는 그런 오래된 방법이 이미 사라진 지역에서도, 결혼식이나 굿을 할 때 아직도 가축의 문정맥을 잘라 죽이는 방법이 사용되고 있다. 이를 위해 동물을 두 개의 기둥 사이에 배가 위로 향하도록 뒤집어 밧줄로 묶어 놓고, 손을 집어넣을 수 있도록 흉곽을 열고 젊은 사람이 손을 집어넣어 정맥을 찾아 끊는다. 그러는 동안 동물은 신음하며 울부짖지만, 그렇게 하면 피가 한 방울도 흘러나오지 않는다.

이 나타난다. 그러면 무당이 그 귀신이 숨기 좋아하는 건초나 분뇨와 함께 그 귀신을 자작나무 껍질로 만든 낡은 식기나 맨손으로 잡는다. 무당은 그것을 움켜쥐고 겁주고 훈계한 뒤에 멀리 던져 버린다. 귀신은 잡혀 있는 동안에 발버둥을 치면서 자신이 그런 것이 아니라고 변명한다. 이때 모여 있는 사람들 사이에서 그의 죄상을 밝히는 재미있는 말들이 이어진다. 이것은 항상 많은 웃음을 주는 즐거운 의식이다(남 지방, 1889).

일상의 작은 일들, 즉 우유가 엉겨 크림이 풀어지지 않거나 식기가 깨지거나 도끼 등을 잃어버린 경우에도 굿을 하기도 한다.

무당이 바치는 헌제 이외에도 아주 널리 퍼져 있는 가장 저렴한 헌제가 있다. 그것은 버터, 고기, 지방 조각을 불 속에 던져 넣거나 숲 속의 나무에 붙여 두는 것, 불 속에 보드카, 크림, 마유주를 뿌리는 것, 그리고 동물의 갈기를 숲 속 나뭇가지에 걸어 두는 것 등이다. 또한 체 조각, 천 조각, 은전이나 동전, 차, 담배, 소금, 밀가루, 빵, 핫케이크, 청설모나 담비 가죽, 그리고 기타 어느 정도 값나가는 물건을 산 고개나 강변, 숲 등 여행자에게 위험하거나 귀신들이 좋아하는 장소에 놓아두는 것도 그에 해당된다. 많은 사람이 다양한 이유로 다양한 장소에 그런 제물을 바

친다.[45)]

나는 내가 알고 있는 야쿠트인의 신앙, 의례, 전설들을 곰곰이 생각해 보고, 또 서술과 판단 방법, 알 수 없는 현

45) 야쿠츠크 근교에 야쿠트인들이 섬기는 노송이 한 그루 있었는데, 거기에는 동물의 털, 체, 고기 조각, 밀전병 조각 등이 아주 많이 바쳐져 있었다. 그멜린도 아마 그것을 본 것 같다. 그는 그것에 대해 이렇게 썼다. "아름다운 소나무의 둥치 아래쪽에는 많은 낡은 천과 말총 끈이 둘러매져 있었고, 그 아래에는 많은 나뭇가지가 쌓여 있었다. 그것은 신성한 나무였고, 신성한 나무에는 사람들이 선물을 바친다. 선물을 바치지 않는 것은 죄이며 신의 분노를 사게 된다고 여기기 때문에, 나무 밑에는 다양한 선물들이 쌓이게 된다. 야쿠트인들은 이방인들에게 소용이 될 만한 물건은 나무 밑에 놓지 않는다. 왜냐하면 많은 이방인들이 야쿠트의 관습과 신앙을 따르면서도 자신에게 필요하다고 여기는 물건을 가져가기 때문이다. 이 노송 가까운 곳에 두 그루의 자작나무가 서 있었다. 그중 한 그루는 위쪽과 아래쪽의 가지들을 남겨 둔 채 중간의 가지들이 모두 베어져 있었고, 다른 한 그루는 위쪽의 가지만 베어져 있었다. 이 두 그루의 자작나무는 두 쌍의 야쿠트 남자들의 신의의 징표였다. 두 명의 야쿠트인이 특히 친하게 지내다가 그중 한 명이 빌류이, 야나 또는 인디기르카 등 먼 곳으로 떠나게 되면, 그들은 나무가 있는 곳에서 헤어진다. 남아 있는 사람이 나무에 올라가 위쪽 또는 중간 부분의 가지들을 잘라 낸다. 이것은 떠나는 사람에 대한 우정의 증표가 되며, 남아 있는 사람은 그것을 자랑스럽게 여긴다. 그러다가 떠난 사람이 죽었다는 소식을 듣게 되면, 그는 죽을 때까지 자신이 우정을 기념하기 위해 그 나무의 가지를 잘랐다는 것을 자랑한다." (그멜린, 《시베리아 여행기》, 제2권, p. 497)

상들과 생활상의 여러 가지 일들을 설명하는 방법들에 나타나는 야쿠트인의 지혜를 곰곰이 생각해 보고서, 야쿠트인의 사고가 우상숭배의 강한 흔적을 가지고 있기는 하지만 이미 사고 발전의 높은 단계에 도달했으며, 보다 법칙적이고 총체적인 세계관, 기독교 도입으로 방해를 받기는 했지만 나름대로 독립적인 세계관을 형성해 왔다는 결론을 얻었다.

사실 야쿠트인은 사물의 정령인 '이치테'를 믿으며, 도처에서 그것을 찾으려 한다. 풀, 나무, 돌, 산, 절벽, 강, 숲…. 야쿠트인들은 칼, 도끼, 무기 등 각종 도구조차 정령, 즉 '이치테'를 가지고 있고, 그것들 위에는 아이-토욘(아르-토욘) 및 집합적 사물과 추상개념의 이치테가 있다고 믿는다.

아이-토욘부터 살펴보자. 이 개념이 어디에서 왔는지는 차치하고, 나는 그것이 내가 들은 야쿠트인들의 이야기 속에서 어떻게 나타나는지를 복원해 보고자 한다. 아이-토욘—그것은 최강의 지고하고 엄정하고 자족적인 힘의 구현체다. 그는 선하지도 않고 악하지도 않다. 그는 존재자라기보다는 존재 자체다. 그는 지극히 높은 곳에서 세계를 살펴보지만, 이 세계의 일에는 별로 간섭하지 않는다. 천둥과 번개가 그의 언어이고, 독수리가 그의 발치에 잠자고 있으며 태양이 그의 상징이다. 그는 은혜롭지만, 세상이 존재하는 데 대해 감사할 방법이 없는 것처럼 그에게 감사할 방법도 없다. 그는 전능하지만 아무것도 원하지 않으며, 따라서 그에게 비는 것은 공연한 일이다. 그에게는 아무것도 제물로 바치지 않는다. 나는 그를 숭배한다는 것을 입증하는 설화를 단 하나밖에 찾지 못했다. 옛날 으스아흐 축제 때 무당이 아홉 개의 커다란 나무 술잔에 마유주를 붓고 또 거기에 버터를 넣고서 그것을 하늘을 위해 하나씩 쓰러뜨리면서 "아이-토욘! 우루이"라고 소리쳤고 불에도 마유주를 부었으며, 그 후에는 모인 사람들에게 잔을 돌렸다는 것이다(남 지방, 1888).[46] 아이-토욘 개념은 현재 사람들이 교회를 찾아가 기도하고 초를 바치는 대상인 정교회 신의 개념과 연합되어 동일시되고 있다. 그래서 그를 종종 '니콜라'라고 부르고 때로는 그를 '성스러운 노인'이라고 부르기도 하지만, 주로 '신', 즉 '탄가라' 또는 '아이-탄가라'라고 부른다. 그러나 신은 기독교

---

46) 그멜린은 고대의 으스아흐에 대해 상세하게 기술했다(그멜린, 《시베리아 여행기》, 제2권, p. 497~507). 그멜린의 기술은 지식인 최초의 관찰기록이라는 점뿐 아니라 정확하고 세세하게 특징적인 사항들을 기록했다는 점에서도 흥미롭다. 그의 기록은 내가 야쿠트인들에게서 들어 기록한 것을 스스로 평가하는 데 커다란 도움을 주었다.

적 개념이며, 구세주로서의 신, 선과 정의의 신은 야쿠트인들에게는 천사나 성모, 사도나 성인, 삼위일체의 신비, 성모수태의 신비 등의 관념만큼이나 낯선 것이다. 마찬가지로 신의 적이자 악과 죄의 화신인 '사탄'도 야쿠트적인 개념이 아니고 전래된 이민족의 개념이다. 야쿠트인들이 사탄이라는 명칭을 받아들여 다음과 같은 이야기 속에서 자주 반복해서 사용하지만, 명백한 기독교적 흔적을 담고 있다.

> 악마의 왕인 사탄은 자신의 지하 왕국에 있는데, 불바다에 목까지 잠긴 채 사슬에 묶여 있다. 그는 고개를 숙이고 있으며, 천사 카치얀이 손에 칼을 빼 들고 그가 땅을 넘보지 못하도록 지키고 있다. 그는 새해 첫날에만 몸을 일으켜 신이 창조한 세계를 보는 것이 허용된다. 그런데 그날 그의 시선이 닿는 것은 모두 그해에 사멸하게 된다. 그가 나무를 쳐다보면 숲에 불이 나거나 나무가 말라 죽으며, 가축을 쳐다보면 가축이 병들고, 사람을 쳐다보면 그는 죽거나 다른 불행을 겪게 되며, 건물을 쳐다보면 그 건물에 불이 나게 된다(알단 지방, 바야간타이 지방, 1885).

사탄은 그리스도의 큰형이었다. 그리스도는 선했지만, 그는 악하고 시기심이 강했다. 태초에 이 세상에 끝없는 바다만 있었을 때, 신이 세상을 창조할 생각을 하고 사탄에게 말했다. "너는 네가 모든 것을 다 할 수 있으며 나보다도 더 강하다고 자랑한다! 좋다. 네가 그렇다면, 바다 밑바닥에서 모래 한 줌을 가져와 봐라!" 공명심이 강한 사탄은 그 말을 듣자마자 바다로 뛰어들었다. 그러나 그가 수면으로 떠오를 때, 그가 손에 쥐었던 모래가 흘러나가 버렸다. 한 번 더 바다 밑을 다녀왔지만 허사였다. 그러자 세 번째에는 제비로 변해 부리에 진흙을 조금 물고 나왔다. 그리스도[47]는 그 진흙을 축복했고, 그러자 진흙은 땅으로 변했다. 땅은 처음에는 접시처럼 평평하고 매끈했다. 그러나 사탄은 모든 것이 거꾸로 되어 있는 자신만의 세상을 만들고 싶어서 꾀를 부려 가져온 진흙을 모두 그리스도에게 주지 않았다. 그리스도는 바로 그의 생각을 알아챘고 사탄의

47) 혹은 니콜라-오고니오르(노인)이라고도 한다. 이 전설에서 창조주, 그리스도, 니콜라가 혼합되어 있는 것이 흥미롭다. 앞에 밝혔듯이, 야쿠트인에게 그것은 한 인물의 다양한 명칭일 뿐이다(알단 지방, 1885).

목을 세게 후려쳤다. 그러자 사탄이 목에 숨겨 둔 진흙이 밖으로 튀어나왔고, 바로 그것에서 산이 생겨났다(베르호얀스크 지방, 1880).

기독교의 도그마는 야쿠트인 대부분에게 아직도 낯선 것이고 이해되지 않는 것이다. 내가 말하는 도그마란 기독교 가르침의 윤리적인 측면이 아니라 도그마적 측면을 말하는 것이다.

콜리마 지방에서 언젠가 나는 내게 노아, 홍수, 아담과 이브 등 성서 속의 다양한 이야기를 한 야쿠트인들에게 "신은 몇 명인가요"라고 물은 적이 있다. 그들은 무식한 사람으로 보이고 싶지 않아서인지 오랫동안 생각했고, 마침내 한 사람이 "신은 여러 명입니다. 그런데 가장 중요한 신이 남쪽의 니콜라, 서쪽과 동쪽의 구세주 두 명, 그리고 북쪽의 성모마리아 등 네 명입니다"라고 대답했다(콜리마 지방, 1883). 알단 지방에서도 "신은 많습니다. 그런데 가장 중요한 신은 니콜라입니다"라는 대답을 여러 번 들었다. 성인에 대한 관념과 신에 대한 관념이 뒤섞여 있는 것이 분명하다.[48]

---

48) 성상화도 신이라는 뜻의 '탄가라'라고 불린다.

이제 슬라브 지역에서도 유사한 것이 발견되는, 사탄이 중심적인 역할을 하는 이야기 하나를 소개한다.

태초에 사람은 털로 덮여 있었는데, 죄를 지어 털을 잃었다. 신이 인간을 만들고 인간으로 하여금 신의 집을 지키게 했다. 사탄은 그 집에 들어가 보고 싶어 했다. 그러던 언젠가 신이 집을 비운 사이 사탄이 인간에게 접근해 들여보내 줄 것을 간청했다. 인간은 거절했다. 그러자 사탄은 인간에게 새하얀 모피 외투, 그리고 화려한 색의 모피 외투도 주겠다고 했다. 그러나 인간은 동의하지 않았다. 그러자 사탄은 검은색 모피 외투[49]도 주겠다고 했다. 마침내 인간은 유혹에 넘어가 사탄을 들여보냈다. 그러나 사탄은 모피 외투를 주지 않았고, 신의 집을 더럽혔다. 집에 돌아온 신은 사탄이 다녀간 것을 알고 분노해서 인간을 쫓아내면서 벌로서 인간의 털을 없애버렸고, '너는 자신의 털을 모피 외투와 바꾼 것이니 이제부터 맨몸으로 다녀라' 하고 말했다(베르호얀스

49) 야쿠트인들은 검은색 모피를 특히 귀하게 여기며 가장 아름답다고 생각한다.

크 지방, 1881).

야쿠트인의 사탄, 즉 '알라라 아바시 오고니오르'(지하의 노인-귀신)는, 때때로 사탄이라고 불리기도 하며 최근 성서적 개념들이 부가되기도 했지만, 사탄과는 전혀 다른 개념이다. 야쿠트인은 그것을 '아바시 으라흐타'(악령의 왕)라고 부르기도 하는데, 그는 자연이 의인화된 사악하고 해로운 힘인 정령이나 귀신들 가운데 가장 강력한 것은 아니다. 한편, 야쿠트인의 세계관에는 신비적인 요소가 없어 해로운 현상, 이로운 현상, 아무런 관계가 없는 현상에 관한 관념은 있지만, 죄에 대한 관념은 없다. 육체에 대한 영혼의 승리라고 할 수 있는 정결, 온유, 그리고 기타 금욕적인 관념은 그들에게는 낯선 것이다. 그들은 '아이이'(죄)라는 단어를 말하기도 하지만, 그 단어의 의미는 전혀 다른 것이다. 나는 그 단어가 어떤 개념을 포함하고 있는지 완전히 파악하지 못했지만, 그것이 '고생'을 의미하는 것이 거의 틀림없다. 옛날에는 '아이이'라는 단어와 같은 뜻으로 '아라흐'라는 말을 사용했다고 한다(남 지방, 1889). 헌신이 그렇듯이 믿음도, 죄가 그렇듯이 의심도 그들에게는 이해할 수 없는 개념들이다. 그들은 아무 거리낌 없이 알고 있는 것을 믿으며, 알지 못하는 것을 의심한다. 그리고 그들의 알기 위한 노력에는 아무런 내적인 제약도 없다.

만일 아이-토욘이 존재 전체의 구현이라고 한다면, 살아 있는 모든 것에서 발현되는 존재의 일부분은 '울루-토욘'이라는 별도의 개념으로 분리된다. '울루-토욘'은 아이-토욘에 대치되거나 적대적인 것이 아니며, 단지 아이-토욘보다 더 적극적이어서 더 음울하고 화를 잘 낸다. 울루-토욘은 서방 세계의 세 번째 하늘에 살고 있다(남 지방, 1887). 그는 땅에 더 가까이 있으며 땅 위의 일에 커다란 관심을 쏟는다. 그러나 아이-토욘에 의해 존재의 은총이 곳곳에 미치고 있으므로, 울루-토욘은 존재의 고통스럽거나 위협적인 현상만 담당한다. 나는 베르호얀스크 지방에서 울루-토욘의 이름으로 신성시되는 절벽을 본 적이 있다. 그 절벽의 명칭은 울루-투물로, 수룩타흐 역과 케뉴랴흐 역 사이 산속의 야나 강 좌측 강변에 서 있는데, 마치 낙엽송 숲들 사이에서 강으로 가파르게 떨어지는 듯한 모습이다. 아마 울루-토욘도 사람들에게 그렇게 비쳤을 것이며, 주문에서는 그에게 "강한 자 중 강한 주재자여! 신비의 존재여! 너는 불타오르는 까마귀와 함께… 나와라! 모습을 보여라"라고 노래한다. 아마 그가 자신을 섬기는 자들에게 명령을 내리거나, 동물이나 또 다른 모습으로 직접 나타날 때, 바로 그런 모습이었을 것이다. 모든 불행과 고통, 질병과 고난, 그리고 모든 집 귀신들과 부족들이 섬기는 귀신은 그가 관장한다. 그러나 그는 생명이 파괴되는 것은 결코 원하지 않으며, 오히려 그 반대로 위대한 힘으로 모든 불행을 제지해 그것들이 세상을 뒤덮고 모든 생명을 없애지 못하도록 한다. "그는 무당을 창조했으며, 그에게 그 모든 불행과 싸우는 법을 가르쳤다. 그리고 사람들에게 불을 선물했다"(남 지방, 1889). "그는 산짐승과 날짐승을 창조했고 숲도 만들었다"(알단 지방, 바야간타이 지방, 1884). 그는 '강한 자 중의 강한 자'다. 따라서 기본적으로 그에게 코차이-쾨뢰호를 바치며 피의 제물을 바치는 것이다. 그가 좋아하는 제물은 털이 검고 머리만 하얗거나 머리에 흰 털이 박혀 있는 황소 또는 망아지다. 그는 아이-토욘에게도 필적할 만한, 거의 대등한 존재로 여겨진다. 나는 콜리마 지방에서 그들 간의 관계에 대한 흥미로운 이야기를 채록했다.

> 울루-토욘은 아이-토욘이 세 겹의 철벽 뒤에 '큔-키스'(태양-딸)를 숨겨 두고 있다는 말을 듣고, 자신의 할아버지 세센에게 중매를 해 달라고 부탁했다.

세센은 아이-토욘에게 가서 "나는 울루-토욘의 청을 전하러 왔소"라고 말했다.
울루-토욘은 "내 그의 부탁을 모르는 체하지 않을 것이다! 말하라"라고 대답했다.
세센은 "그에게 당신의 딸 큔-키스를 아내로 주시오"라고 말했다.
이에 아이-토욘은 생각해 보고서, "좋다! 그런데 그는 나에게 무엇을 줄 것인가"라고 물었다.
세센은 "땅 위에 있는 모든 것 가운데 원하는 것을 줄 것이오"라고 대답했다.
그러자 아이-토욘은 "그렇다면 내가 신기루(제르겔긴)와 잔물결(에베르헤 도울군)을 원한다고 전하라"라고 말했다.
그런 대답을 전해 들은 울루-토욘은 자신의 모든 자식들과 숲과 초원의 모든 새들과 짐승들을 불러 모아 이렇게 말했다.
"너희들 가운데 나를 위해 신기루와 잔물결을 구해 오는 자는 너희들 가운데 으뜸이 되어 나의 총애를 받게 될 것이다." 그러나 아무도 그것을 구해 오지 못했다. 그러자 울루-토욘은 슬픔에 잠겼다. 그러자 그의 가장 사랑하는 자식들인 까마귀와 늑대가 그 일에 도전해 보기로 했다. 까마귀는 밝은 눈을, 늑대는 긴 다리를 얻어 달고 길을 나섰다. 그러나 아무리 해도 까마귀는 신기루를 잡을 수 없었고, 늑대도 바다를 온통 헤매고 다녀도 잔물결을 잡을 수 없었다. 그 후로 까마귀와 늑대는 무언가 찾아다니는 듯, 무언가 찾아내려는 듯 쉬지 않고 땅을 헤집고 다니고 있다. 한편, 큔-키스는 태양을 낳았다…(콜리마 지방, 1884).

한편, 까마귀는 지금까지도 울루-토욘이 사랑하는 자식으로 남아 있다. 그래서 까마귀를 욕하거나 괴롭히거나 특별한 이유 없이 죽여서는 안 된다.

언젠가 까마귀들이 야쿠트 수공업자 집 근처에 쳐 놓은 덫과 올무로 몰려들어, 잡혀 있는 멧닭, 토끼, 오리, 들꿩 등을 닥치는 대로 모두 가져갔다. 그러자 야쿠트인은 참다못해 까마귀 한 마리를 죽여 오솔길에 매달아 놓았다. 그것을 본 다른 까마귀들이 울루-토욘에게 가서 일러바쳤다. 그러자 울루-토욘은 즉시 그 야쿠트인이 잠자고 있는 사이에 그의 영혼을 불러들여 심판했다.

울루-토욘이 야쿠트인에게 물었다. "너는 왜 내 아들을 죽였느냐?"
야쿠트인은 "강력한 주재자여, 덫에 걸린 짐승을 남김없이 모두 가져가 제가 죽게 생겨서 그랬습니다" 라고 대답했다.
울루-토욘은 까마귀들에게 "그것이 사실이냐?" 하고 물었다. 까마귀들은 아무 대답도 하지 않았다. 그러자 울루-토욘은 "이제 가도 좋다"라고 말하면서 야쿠트인을 풀어 주었다(알단 지방, 바야간타이 지방, 1885).

까마귀는 맹금류 가운데 아비, 뻐꾸기, 갈매기와 함께 무당의 굿에서 중요한 역할을 하며, 맹금류가 아닌 새들 가운데에서는 자고새와 도요새가 신비한 힘을 가진 새로 여겨진다. 그러나 새들 가운데 가장 중요하게 여겨지는 것은 토욘-킬, 즉 커다란 독수리다.

꿈에 독수리가 나타나면, 좋지 않은 징조다. 독수리는 하늘의 새, 아이-토욘의 새다(남 지방, 1888).

독수리를 보는 것조차 좋지 않다. 독수리가 자주 날

아다니는 곳에는 좋은 일이 없다(남 지방, 1889).

알단 지방에서 한 부잣집 마당에 독수리 두 마리가 자주 날아들자, 부자는 가축을 잡고 마당에 식탁을 차리고 그 위에 은잔 두 개에 보드카를 따라 두고 또 소금 종지와 함께 접시에 생간, 심장, 비계와 기타 맛 좋은 부위를 담아 두고, 새들이 겁먹지 않게 모두 피해 있도록 했다. 그러자 독수리들이 날아와 은잔의 보드카를 마시는 듯했고 고기를 먹었다. 그것은 좋은 징조, 즉 집에 말을 비롯한 가축이 늘어나게 된다는 징조였다(바야간타이 지방, 1885).

야쿠트인들은 독수리가 원한을 잊지 않는 동물이면서도 때로는 은혜를 갚을 줄도 아는 동물이라고 믿는다. 한 무당이 해 준 이야기인데, 그가 독수리 한 마리를 잡아 죽일 수 있었는데 죽이지 않고 놓아주었더니, 그 독수리가 똥을 싸서 악천후를 불러오는 마법의 돌 '사타'를 선물했다고 한다. 그리고 그것과는 반대로 남 지방 아타마이 마을의 한 야쿠트인은 독수리를 죽이고 나서 그 때문에 벌을 받았다고 한다. 그와 그의 누이가 온몸이 아프고 발작을 일으키더니 3년 만에 끔찍한 고통 속에 죽었다고 한다(남 지방, 1887). 남 지방의 한 야쿠트 여자는 독수리가 죽여 놓고 간 오리를 절대로 먹으려 하지 않았다. 그녀는 "남의

퉁구스인들이 동물의 뼈를 모아 둔 장소

노력을 이용하는 것은 죄지요. 그도 힘들여서 잡았을 텐데"라고 말했지만, 나는 그녀가 겁을 먹어서 그랬다고 생각한다.

"죽은 독수리나 독수리 뼈를 발견했을 때는, 나뭇가지 사이에 작은 나무 상자(아란카스)를 만들고 거기에 넣으면서 '위로 날아올라 고향으로 가라, 이 땅에 오지 마라! 너의 구리로 된 뼈를 상자에 넣었다. 너의 은으로 된 뼈를 들어 올렸다'라고 말한다"(알단 지방, 바야간타이 지방, 1885). 일반적으로 야쿠트인들은 유용하거나 그들이 중시하는 동물의 뼈는 땅 위에 그냥 두지 않는다. 따라서 숲 속에서 종종 말, 소, 순록의 머리나 척추, 드물게는 다른 부위의 뼈가 나뭇가지에 걸려 있는 것을 볼 수 있다. 그런 관습, 더불어 나무 상자 아란카스에 유골을 보관하는 방법은 퉁구스인들로부터 야쿠트인들에게 전해진 것일 수 있다. 퉁구스인들은 일반적으로 모든 동물의 뼈, 특히 사냥한 야생동물의 뼈를 절대로 땅 위에 그냥 두지 않는다. 나는 우스트-얀스크에서 베르호얀스크로 가는 길에 강가의 깊은 숲 속에서 그런 뼈를 모아 두는 곳을 본 적이 있다.

때때로 커다란 검은 황소 또는 검은 망아지나 거대한 곰 또는 순록의 모습을 한 울루-토욘이 커다란 소리를 내며 땅 위를 뛰어가기도 한다(남 지방, 1887).

그 동물들 가운데 아주 포악하고 식탐이 많은 거대한 검은 곰은 야쿠트인들에게 가장 큰 인상을 주었다. 야쿠트인들은 그런 곰을 '숲의 황제'라고 여긴다(남 지방, 1887).

북부 지방에서는 곰에 대해 말하기를 꺼리며, 그의 이름을 크게 말해서도 안 된다. 그의 이름은 에세, 즉 할아버지인데, 그 이름이 별로 좋지 않아 곰이 그 이름을 들으면 화를 낸다고 한다. 그래서 곰을 '콕' 또는 그냥 '검은 것'이라고 부르며, 때때로 '숲의 악귀'라고 소리 죽여 부르기도 한다. 그리고 때로는 울루-토욘이라고 부르기도 한다. 알단 지방에서 여기저기 출몰하며 한 사람을 해치기도 한 곰을 죽이기 위해 한 무리의 사냥꾼이 길을 나섰는데, 그들이 찾는 곰이 먼저 그들에게 다가왔다. 그러자 40명 정도의 사냥꾼이 "울루-토욘"이라고 외치며 땅에 납작 엎드렸고, 세 명의 경험 많은 곰 사냥꾼이 덤불 뒤에 숨어 곰에게 총을 겨누면서도 "울루-토욘! 울루-토욘! 거기 서, 화내지 마"라고 소리쳤다(알단 지방, 바야간타이 지방, 1886). 곰의 비범하고 마법적인 속성을 입증하는 수많은 이야기가 있다. "곰은 악마다. 악마 중에 가장 위험한 꼬리 달린 악마다"(콜리마 지방, 1883). "곰에 대해서는 나쁜 말을 하지 말고 허풍도 떨지 마라. 곰은 가까이 있지 않더라도 모든 것을 다 듣고 기억하며, 용서하지 않는다"(콜리마 지방, 1882). 한편, 관대함과 용맹이라는 속성이 이 숲 속 맹수의 형상을 둘러싸고 있음을 인정할 필요가 있다. 곰은 약한 자나 여자 또는 공손한 사람은 공격하지 않는다고 한다. 그러니 곰을 만나면 곰이 공격하지 않도록 무릎을 꿇고 앉아 "숲의 공후여, 숲을 생각해 보시오! 관목 숲의 주인이여, 관목 숲을 생각해 보시오! 덤불숲의 주인이여, 덤불숲을 생각해 보시오! 그리로 가시오! 우리는 당신을 건드리지 않고 화나게 하지 않을 것이니, 우리를 놓아 주시오"라고 애원한다(콜리마 지방, 1883).

> 언젠가 한 용사가 무기도 없는데 곰을 만났다. 그는 전에 곰을 많이 죽여서 곰들이 자신에게 화가 나 있어 반드시 자신을 죽일 것이라고 생각했다. 그렇지만 그는 꾀를 내어 곰에게 "그렇게 갑자기 나를 공격하는 것은 부끄러운 일이 아닌가? 내가 잠자는 너를 깨워 주고 조심하라고 일러 주지 않았던가? 그러니 오늘은 나를 놓아 주어라. 그리고 내일 내가 무기 없이 이 자리로 올 테니까 한번 싸워 보자!" 하고 말했다. 그러자 곰은 그 말에 동의하고 그를 놓아주었다. 그는 집으로 돌아와 긴 가죽끈을 찾아 두고 다음

날 약속한 장소로 갔다. 그는 긴 가죽끈을 오른손에 서부터 손목을 거쳐 팔꿈치까지 칭칭 동여매고 주먹으로 곰의 머리를 쳐서 죽였다(콜리마 지방, 1883).

보통 곰은 잠자는 곰을 죽인 적이 있는 사람이 아닌 경우에는 잠든 사람을 공격하지 않는다고 한다. 따라서 야쿠트인들은 굴속에서 잠자는 곰을 사냥할 때는 반드시 먼저 막대기로 찌르고 "일어나라! 군대가 너와 싸우러 왔다!" 하고 소리쳐서 곰의 잠을 깨운 뒤에 공격한다(콜리마 지방, 1883). 또한 곰은 여자는 공격하지 않는다고 한다. 그리고 여자들이 곰을 만나게 되면 젖가슴을 보여 주면서 "키팀! 키팀!"[50] 하고 외치면 곰이 부끄러워 도망친다고 한다(콜리마 지방, 1883). 나는 베르호얀스크 산악 지역에서 곰이 한 여자를 사랑하게 되어 그녀를 납치해 갔다는 이야기도 들었다.

그 여자는 아주 젊고 예뻤다. 한번은 그녀가 여자 친

---

50) 야쿠트인 한 사람에게 물어보니 이 말이 '나는 신붓감이다'라는 뜻이라고 말했고, 또 다른 사람들은 이 말은 아무 뜻이 없는 단순한 감탄사라고 했다.

구들과 함께 숲으로 열매를 따러 갔다. 몸을 숙이고 열매를 따는 데 열중하다가 자기도 모르게 친구들과 멀어져 혼자 남게 되었다. 그때 덤불이 부스럭대는 소리가 들려 고개를 돌려 보니, 사람은 아무도 없고 몇 걸음 떨어진 곳에 거대한 검은 곰이 서서 그녀를 바라보고 있었다. 그녀는 너무 놀랐지만 어른들의 이야기를 생각해 내고는 서둘러 윗옷을 벗어젖혀 가슴을 드러내고서 "숲의 주인이여, 나를 건드리지 마시오! 숲의 주인이여, 나를 놓아주시오! 산과 계곡의 주인이여, 나는 당신과 싸우러 온 것이 아니니 나를 놓아주시오! 어서 가시오"라고 말했다. 그러나 곰은 그런 주문에는 아랑곳하지 않고 계속 그 자리에 서 있었다. 그러자 아가씨는 몸을 돌려 슬금슬금 발걸음을 옮겼다. 그런데 곰이 먼저 앞으로 뛰어가 길 위에 엎드렸다. 그래서 아가씨는 곰을 둘러 지나가 보려고 했다. 그러자 곰은 또 앞길을 막았다. 그런 식으로 해서 곰은 아가씨를 점점 숲 깊은 곳으로 몰고 갔다. 그곳에는 곰의 굴이 있었다. 그렇게 해서 이 불쌍한 아가씨는 3년을 곰과 함께 살았다. 그동안 곰은 아가씨에게 각종 열매와 뿌리, 그리고 거위, 오리, 토끼, 멧닭 등을 가져다주었다.

모두 날것으로 먹을 수밖에 없었다. 그리고 겨울에는 곰이 아가씨에게 자신의 발을 빨아 먹도록 했다. 그렇게 그녀는 동굴에서 곰과 함께 지냈는데, 곰이 그녀를 위해 동굴 바닥에 귀한 모피들을 깔아 주었다. 그리고 추울 때는 곰이 그녀를 감싸 안아 제 몸으로 그녀를 따뜻하게 해 주었다. 그러다가 마침내 그녀는 마을로 도망쳐 왔는데, 몸에는 아무 옷도 걸치지 않았고 말하는 법도 잊어버린 상태였다(베르호얀스크 지방, 1881).

곰은 사람처럼, 아니 사람보다 더 영리하다. 곰은 뭐든지 할 수 있고, 모든 것을 알며 모든 것을 이해한다. 곰이 말을 하지 않는 것은 단지 말하고 싶지 않기 때문이다(콜리마 지방, 1883).

알단 지방의 한 늙은 곰 사냥꾼은 "곰은 짐승이 아니라 마법사다. 가죽을 벗긴 곰을 보면, 여자와 똑같다. 가슴이나 다리 등 모든 것이 여자와 똑같다"라고 말했다.

예전에 나는 곰으로 변신한 사람에 관한 다음과 같은 전설을 들은 적이 있다.

언젠가 한 사냥꾼이 살고 있었다. 그는 부자는 아니었지만 훌륭한 사냥꾼이어서 항상 음식과 모피가 풍부했다. 그런데 그의 아내는 사냥을 나갔다가 아주 빨리 돌아오면서도 항상 많은 것을 잡아 오는 남편을 이상하게 생각했다. 그녀는 남편이 그것들을 숲 속에서 잡아 오는 것이 아니라 애인에게서 받아 오는 것이 아닌지 의심하고 남편을 따라가 보기로 했다. 그래서 어느 날 사냥 나가는 남편을 몰래 따라갔다. 그런데 숲 속 깊은 곳으로 들어간 남편이 어떤 나무 그루터기 주위를 세 바퀴 돌더니 커다랗고 털이 많은 곰으로 변신하는 것을 보게 되었다. 그래서 그녀는 남편이 한 대로 그 나무의 그루터기 주위를 세 바퀴 돌았고 암곰으로 변신해 남편을 따라갔다. 그 후 그들은 집으로 돌아오지 않았고, 그들로부터 곰이 생겨나게 된 것이다(베르호얀스크 지방, 1881)!

곰과 관련해서 야쿠트인들 사이에 널리 퍼져 있는 주목할 만한 한 가지 의례가 있다. 그것은 곰을 사냥한 뒤, 사냥에 참가한 모든 사람들이 곰의 뜨거운 피를 한 컵씩 마시고 생간과 심장, 비계 조각을 먹고서 하늘을 향해 "우후"라고 세 번 외치는 것이다. 그렇게 해야 곰의 복수로부터 안전하다는 것이다(알단 지방, 바야간타이 지방, 1885). 한편, 야쿠티아 북부 지방에서는 "곰을 많이 죽인 사람은 반드시 곰에 의해 죽는다"고 믿는다(콜리마 지방, 1883).

순록에 관한 설화로 내가 들어 본 것은 다음 한 가지뿐이다. "세 명의 퉁구스인 사냥꾼이 엘크사슴을 따라 하늘에 갔다가 거기서 오랫동안 굶주리며 지냈다. 그러다가 한 명은 굶어 죽었고, 나머지 두 명은 개와 엘크사슴과 함께 별이 되었는데, 그것을 '엘크사슴자리'라고 부른다." 이것이 정확히 어떤 별자리인지는 알 수 없었다. 사람들이 서로 다른 별자리를 지목했기 때문이다. 그런데 대부분은 오리온자리가 그것이라고 했다(콜리마 지방, 1883).

울루-토욘은 때때로 앞서 말한 동물의 형상이 아니라, 외모가 기괴한 안개에 싸인 거인이나 나무 또는 절벽의 모습으로 지상에 나타난다(남 지방, 1889). 한편, 사람들이 울루-토욘을 마음속으로 '울루-키시'라고 부르기도 하는데, 그것은 그리 좋은 명칭은 아닌 것으로 보인다.

이제 다른 신들과 귀신들로 넘어가 보겠다.

남쪽 하늘에는 울루-토욘만큼이나 강력한 신인 '카흐티르-카그흐탄-부레이-토욘'이 살고 있다. 그는 울루-

토욘과 마찬가지로 위대한 종족에 속한다(남 지방, 1888). 그에게는 머리에 하얀 털이 박힌 갈색 말을 제물로 바치며, 보통 화살 모양으로 깎은 나무인 '코차이'를 걸어 둔다.

'카그흐탄-부레이'와 함께 그에게 복종하는 다른 많은 귀신들이 살고 있는데, 그들은 사람들의 등에 해를 입혀 꼽추가 되게 만들거나 굽게 만든다. 그들에게는 등이 검고 옆구리와 배가 짙은 갈색인 말을 제물로 바친다. 그들에게도 '코차이'를 바친다. 울루-토욘과 카그흐탄-부레이는 특별한 경우에만 땅으로 내려온다.[51]

남쪽 하늘의 울루-토욘과 카그흐탄-부레이 아래, 땅에 더 가까운 곳에 '차아다이-볼로흐'가 사는데, 그에게는 붉은색 또는 적갈색의 암소를 제물로 바친다. 이 제물은 죽이지 않고 들판에 풀어 준다. 이 귀신은 주로 눈에 해를 주어 '눈 귀신'이라고 부르기도 한다.[52]

그리고 남쪽의 '아홉 개 숲'에 공후의 딸인 '네미리예'가 살고 있다. 예전에 그녀는 젊은 야쿠트 여인이었으며, 먼 곳에 사는 남자와 결혼하고 옛 관습에 따라 결혼 후 오랫

---

51) 신격의 명칭인 '카그흐탄'이 '카간'이라는 말에서 왔다는 점에 주목하기 바란다. 위구르인들은 왕을 카간이라고 불렀다.

52) 야쿠티아 지방에는 눈병이 특히 많이 퍼져 있다.

동안 부모의 집에서 지냈다. 그리고 남편이 그녀를 데리러 왔을 때, 그녀는 이미 아기를 낳아 기르고 있었다. 남편은 그녀를 극진하게 대해 주었으며, 그녀를 데려가기 위해 아홉 필의 말로 이루어진 결혼 행렬을 준비했다. 그런데 신랑 집을 향해 가던 길에 '아홉 개 숲'에서 야영을 하게 되었고, 아무런 이유 없이 한밤중에 그녀가 미쳐 버려 자신의 아기를 죽여 피를 빨아 먹고 살을 찢었으며, 잠자던 다른 사람들에게도 달려들어 물어뜯었다. 그래서 사람들이 그녀를 힘으로 제압해서 집으로 데려갔고, 작고 튼튼한 창고를 지어 거기에 그녀를 가두어 두었다. 그녀는 거기서 몇 년을 살다가 죽었고, 죽은 뒤에는 특히 여자들로 하여금 닥치는 대로 사람을 물어뜯는 미치광이가 되게 하는 귀신이 되었다. 이 귀신에게는 넓적다리에 검은 점이 있는 회색 암말을 제물로 바치는데, 무당이 그런 말을 끌고 '아홉 개의 숲'을 지난 뒤에 풀어 준다. 그 '아홉 개의 숲'에는 '네미리예' 이외에 역시 사람들을 미치게 만드는 8자매 귀신이 살고 있다. 그 귀신들 가운데 몇몇의 이름은 다음과 같다.

멜랴흐신 아이테 — 과거 야쿠티아 서부 지방에 살았던 여자.

시미칸 우다간 — 손에 방울과 나무 국자를 들고 있다.

이 둘에게는 엉덩이에 하얀 점이 있는 살아 있는 갈색 암말을 제물로 바친다.

도흐순-두야흐 — 앞의 두 귀신보다 더 강력한 귀신이며, 머리에 하얀 털이 있는 살아 있는 갈색 암말을 제물로 바친다.

카다나흐키스 하틴(호툰) — 살아 있는 하늘색 점이 박힌 암말을 제물로 바친다.

퀠뢰니오이오호, 키단 키스 — 무당의 몸에 내리는 귀신 '퀠룅' 가운데 하나로, 처녀 귀신이며 주로 처녀들을 병들게 한다. 처녀들을 미치게 하거나 욕정에 불타게 만든다.[53] 무당은 이 귀신을 달래는 굿을 할 때, 북을 뒤집어 땅에 놓고 그 위에 녹인 버터와 크림을 붓고 돈이나 기타 값나가는 물건들을 던진다. 굿이 끝나면 그것들의 일부는 태우고 일부는 무당이 가져간다.

---

53) 일반적으로 남자들보다 여자들이 살아서는 귀신에 더 쉽게 씌며 죽어서도 더 쉽게 귀신이 된다. 야쿠트인들 사이에서도 미친 남자보다는 미친 여자를 더 자주 볼 수 있다.

앞에 언급한 네미리예와 8자매가 살고 있는 곳에서 멀지 않은 하늘, 겨울 해가 떠오르는 곳에 그들의 친척인 여자 귀신 '달베르-조녹'이 살고 있다. 이 귀신에게는 무엇을 제물로 바치는지 알아내지 못했다. 어쨌든 남쪽 하늘에 사는 귀신들은 모두 강력하며, 사람들에게 해를 끼치기를 좋아한다. 그들에게는 주로, 얼굴의 절반이 하얗고 얼굴 끝 부분이 붉으며 눈이 하얗고 갈기는 밝은 노란색인 말을 제물로 바친다.

이어서 서쪽 하늘에 사는 귀신을 보면, 거기에는 울루-토욘의 친척이며 과거 야쿠트 무당이었던 '오윤' 공(후)이 살고 있다. 그에게는 눈에서 코까지가 하얗고 몸에 흰 반점이 있는 암회색의 망아지를 제물로 바친다. 이 귀신은 남 지방 베튠 지역의 차키족 출신 무당이었다. 이 귀신은 아주 강력해서 사람들에게 갖은 불행을 안겨 줄 수 있다.

북쪽 하늘에는 '긴 지팡이를 짚은 여자 귀신'인 콘타야흐타흐 호툰이 살고 있으며, 아홉 명의 여동생도 그녀와 함께 살고 있다. 이 귀신은 러시아인 여자였는데, 살아생전에 매독에 걸려 고생하다 죽었다고 한다. 그래서 이 귀신은 사람들에게 매독, 연주창, 한센병 등 여러 가지 전염병을 퍼뜨린다. 이 귀신에게는 하늘색 반점이 있는 붉은색 암소와 붉은색 반점이 있는 말 등의 가축을 제물로 바친다. 그 외에도 과자, 보드카, 은, 돈, 모피, 옷, 비단 수건 등을 바치기도 한다. 이 귀신이 사는 곳은 북쪽 먼 바다에 도달하기 전 레나 강변에 많은 기둥이 서 있는 산이다. 그곳에는 돌로 만든 살림 도구가 갖추어진 돌집이 있고, 바로 거기에 러시아 옷을 입은 돌로 된 여자가 살고 있는데, 바로 그 여자가 '긴 지팡이를 짚은 여자 귀신'이다.

집의 북쪽 구석이 향하고 있는 북쪽 땅속에는 수많은 부하들, 마법사들을 거느리고 있는 '지하의 노인', 곧 사탄의 아들이 살고 있다. 그에게는 검은색과 붉은색 줄이 나 있고 이마에 하얀 털이 있으며 눈이 하얀 여섯 살배기 황소를 제물로 바친다. 이 '지하의 노인'과 함께 검은 까마귀 '젱'이 살고 있다. 그는 부유한 야쿠트인들의 집을 찾아다니며 북을 치는데, 그러면 그 집안의 모든 사람들이 두통을 비롯한 병을 앓게 된다.

동쪽에는 '하얀 망아지를 탄 여자 귀신' 쾨뢰 우바할라흐 호툰이 살고 있다. 이 귀신은 전에 바야간타이 지방의 야쿠트 여자였으며, 남쪽에 사는 여자 귀신 자매들과 친척이다. 이 귀신에게는 흰 망아지를 제물로 바치는데, 때로는 그 망아지를 죽이기도 한다. 제물용 흰 망아지를 죽일 때는 집 한가운데에 네 개의 다리가 달린 사각형 탁자를 놓고 그 위에 보드카와 소금, 삶은 고기와 간, 심장, 비계

등과 함께 제물이 된 망아지의 삶은 머리를 올려놓는다. 의례가 끝난 뒤에는 그 모든 것을 다 불태운다. 이 귀신은 두통과 내장 및 뼈의 통증을 일으킨다.

북쪽 땅속에는 '흰 황소를 탄 노인'인 담파이-브라다이스도 살고 있는데, 이 귀신은 생전에는 북부 지방에 사는 야쿠트족 일파인 볼로구르족의 무당이었다. 이 노인은 가난하게 살았는데, 자식 일곱에 흰 황소 한 마리가 있었다. 그래서 이 노인은 자식들을 흰 황소에 태우고 이리저리 걸식하며 돌아다녔다. 그런데 언젠가 그 흰 황소를 도둑맞아 자식들과 함께 돌아다닐 수가 없게 되었다. 그러자 자식들은 제대로 먹지 못해 병이 들었고, 배고프다고 울어댔다. 노인은 그런 상황을 견디다 못해 구덩이를 파고 자식들을 몰아넣고 묻은 뒤 그 위에 모닥불을 피워 자식들이 질식해 죽도록 했다. 그렇게 자식들이 죽어 가는 동안 노인은 모닥불 주위를 돌며 북을 치고 굿을 하면서 사람들을 원망했다. 그래서 울루-토욘은 그 노인이 잃어버린 황소의 터럭 하나당 자식 한 명씩을 사람들로부터 빼앗아 원한을 갚을 수 있도록 했다. 노인은 귀신 '외르'로 변했고, 그때부터 사람들을 찾아다니며 그들의 자식을 병들거나 죽게 했다. 그 어떤 무당도 그를 제지할 수 없었다. 그러나 정해진 숫자만큼 아이들을 해치고 난 지금은 그저 초라한 늙은이가 되어 해를 끼치지 못한다. 그래서 이제 사람들은 그가 원하는 것을 주지 않으며, 나타나면 목덜미를 잡아 멀리 쫓아 버린다(남 지방, 1887). 야쿠티아 무속의 신들 가운데 신격이 낮은 신령들은 대부분 살아생전에 고통을 겪어 한이 쌓인 사람들이나 무당들이다. 그리고 그들의 명칭에는 항상 부족명이 덧붙어, 야쿠티아의 무속이 부족의 구성이나 부족의 역사와 연관성을 가진다는 점을 보여 준다.

신격이 낮은 신령들, 수호령들, 귀신들, 마법적인 힘을 가진 표식들, 그리고 별, 돌, 산[54]과 거인들, 또는 온몸에 털이 가득하고 꼬리까지 달린 포악한 식인종들이 산다는 미지의 장소들, 그리고 여러 가지 이상한 일들, 설명할 수

---

54) 나는 성스러운 것으로 취급되는 산, 절벽 등 많은 장소를 알고 있다. 그멜린은 오래전부터 특별하게 취급되어 온 것으로 보이는 자그마한 동굴이 있는 산에 대해 언급하고 있다. 그는 그것을 레나 강의 '석탄산'이라고 부르고 있다(그멜린, 《시베리아 여행기》, 제2권, p. 490). 그것이 곧 '수르구이 바위'다. 야쿠트인들은 '수르구이 바위'를 신격화하고 있으며, 이 바위가 특히 사냥꾼들에게 피해를 주는 폭풍을 불러온다고 여긴다고 한다. 1887년에 나는 수르구이 산에서 작은 동굴을 보았는데, 그것은 동굴이 아니라 산신령이 산으로 들어가면서 닫아 버린 문이라고 하는 이야기도 들었다. 이 동굴 앞에서 말갈기, 자작나무 껍질로 만든 송아지 입마개 등을 제물로 바쳤던 흔적을 발견할 수 있었다.

없는 현상들에 관해 내가 들은 수많은 이야기들 가운데 가장 널리 퍼져 있고 여러 모로 비교해 본 몇 가지 이야기를 제시하겠다.

'불의 정령', 즉 우오트 이치테는 하얀 턱수염을 가진, 말이 많고 격정적이며 끊임없이 이리저리 뛰어다니는 노인의 모습이다. 그가 쉼 없이 무엇을 하는지 아는 것은 무당과 아직 사람의 말을 분별하지 못하는 어린 아기뿐이다(콜리마 지방, 1883). 불 자체는 주위에서 사람들이 하는 말과 행동을 잘 이해한다. 따라서 불을 모욕하거나 욕하거나 불에 침을 뱉거나 오줌을 누는 것은 위험한 일이다. 그리고 신발에서 나온 쓰레기를 불에 던져서는 안 된다. 그렇게 하면, 머리가 아프게 된다(베르호얀스크 지방, 1881). 불을 쇠꼬챙이로 쑤시는 것은 죄가 되며, 부지깽이로 쓰는 나무는 매주 불에 태워 버려야 한다. 그러지 않으면 집에 불행한 일이 생기게 된다(서부 캉 지방, 1890). 훌륭한 가정주부는 항상 불이 만족할 수 있도록 신경을 쓰며, 불로 요리하는 모든 음식의 일부를 불에 던져 넣는다. 불은 아주 다양하다. 혼절한 무당의 몸 위에서 일어나는 성스러운 불인 '아이 우오트'가 있으며, 울루-토욘이 창조해 일상생활에서 사용되는 유용한 불도 있는데, 거기에는 흰 망아지를 제물로 바친다. 그리고 지하에 사는 노인이 만들어 낸 끔찍한 불, 모든 것을 소멸시켜 버리는 불도 있다. 그런 불에게는 몸이 피처럼 붉고 등은 검고 얼굴은 하얀 망아지를 제물로 바친다. 사람들은 집의 화덕에 어떤 불이 타고 있는지 알지 못하기 때문에 때때로 작은 제물을 바쳐 불을 진정시키는 것이 좋다고 여긴다. 불이 좋아하는 제물은 동물의 비계, 버터, 크림 등이므로 그것들을 자주 불에 던져 넣는다. 야쿠트인들에게는 이 땅에 불이 어떻게 생겨났는지에 관한 긴 이야기가 전승되고 있다고 들었지만, 나는 그것을 들어 볼 수 없었다. 한편, 나는 북부 지방에서 북빙양의 섬에 살며 불을 모르는 종족에 대한 이야기를 들은 적이 있다(베르호얀스크 지방, 1882).

불은 또한 종종 가족과 종족의 수호자이자 상징으로 여겨지기도 한다. 따라서 한 집안의 아가씨와 혼담이 오가는 청년은 그 집안의 화덕에서 나오는 빛줄기를 넘어서 여성들이 거주하는 쪽으로 갈 수 없다. 그것은 바람직하지 못한 행동으로 여겨지는데, 낯선 남자들의 경우에도 마찬가지다. 그리고 결혼 지참금을 다 지불하지 못한 신랑은 신부의 집 화덕에서 담뱃불조차 붙일 권리가 없으며, 남편 집에 온 신부는 먼저 집안의 화덕 뒤로 돌아가야 하며 비계 또는 버터를 불 속에 던져 넣은 뒤에 불쏘시개 세 개를 던져 넣고 입김을 불어야 한다(콜리마 지방, 1883).

야쿠티아 남부 지방에서는 불 숭배가 해마다 약화되고 잊혀 가지만, 북부 지방에서는 아직도 강하게 숭배되고 있다.

위에 언급한 불 이외에도 '야생 불, 들불'도 있다. 만일 그런 불이 어떤 장소에 머무는 귀신이 기분 좋은 상태에서 일으킨 불이라면, 그런 불은 좋은 것이다. 그러나 그런 불이 악마가 일으킨 불이라면, 그런 불을 만나는 것은 흉조가 된다(남 지방, 1889). 또한 '하늘의 불', 즉 아이-토욘의 상징인 천둥과 번개가 있다. 한편, 최근에는 천둥과 번개가 아이-토욘이 창조한 것이 아니라 '용사 일리야'가 창조한 것이라는 이야기도 나오고 있다(남 지방, 1887).

이제 다른 신앙에 대해 이야기하겠다.

사물에 의해 생기는 그림자는 그 어떤 특별한 것, 그 사물과 분리할 수 없는 부분으로 여겨진다. 그 그림자는 내가 명확히 이해할 수는 없지만, 사물의 정령 및 불의 정령과 어떤 관계를 가지고 있다. 주문에서는 종종 '불의 그림자', '정령의 그림자'라는 말을 들을 수 있으며, 무당의 의례에서 "너의 모든 병을 불의 그림자에 던져 버려라"라고 하는 말을 들을 수 있다(콜리마 지방, 1883). 그리고 그림자를 잃어버릴 수도 있는데, 그럴 경우 사람은 불행을 겪게 된다. 사람에게는 세 가지 그림자가 있다고 한다. 그중

두 가지 그림자는 잃어버릴 수도 있는데, 그런 사람은 병에 잘 걸리고 생기가 없어지며, 세 가지 그림자를 모두 잃어버린 사람은 죽게 된다고 한다(남 지방, 1886). 나는 콜리마 지방에 사는 카자흐인으로부터 다음과 같은 이야기를 들은 적이 있다.

> 언젠가 무당이 굿을 하다가 갑자기 날카로운 아비소리를 냈습니다. 나는 깜짝 놀랐죠. 그런데 무당은 북을 던지고 내가 앉아 있던 의자 밑으로 기어 들어갔다가 잠시 후 무엇인가 삑삑 소리를 내는 것을 손으로 움켜쥐고 기어 나왔습니다. 무당은 그것을 내 얼굴에 던졌습니다. 나는 몹시 당황했습니다. 그런데 무당이 나를 안심시키면서, 그것이 나의 그림자였는데 놀라서 도망치려 했고, 그가 그것을 잡았으니 이제 괜찮다고 말했습니다(콜리마 지방, 1883).

야쿠트인들은 아이들이 그림자를 가지고 장난을 치지 못하도록 한다(남 지방, 1888).

모든 사물은 그림자를 가질 수 있는 것처럼 정령(이치테)을 가질 수 있다.[55] 인간 활동의 흔적을 담고 있는 사물은 항상 정령을 가지고 있다. 절벽, 산, 강, 숲도 정령을 가진다. 바람도 정령인데, 그것은 산속에서 잠을 자며, 휘파람을 불어 산에서 불러내는 것은 그리 어렵지 않다(베르호얀스크 지방, 1880). 먼지 기둥을 만들며 불어 오르는 회오리바람은 악마들의 춤 때문에 발생한다(남 지방, 1888).

나무, 건초, 꽃 등도 정령을 가지고 있으며, 별들도 전부는 아니지만 정령을 갖기도 한다. 이에 대해서는 의견이 분분하다. 어떤 사람들은 별이 다름 아닌 하늘에 있는 호수에 반사된 빛이라고 주장하며, 다른 사람들은 별이 천궁에 뚫려 있는 구멍으로 하늘의 빛이 내려오는 것이라고

---

55) 사람에게는, 세 가지의 그림자가 있는 것처럼 세 가지 영이 있다. 첫 번째 것을 무엇이라 부르는지는 모르지만, 모든 사물도 그런 영을 가지고 있다. 두 번째 영은 '외르' 또는 '슈르'라고 부르는데, 모든 살아 있는 존재는 첫 번째 영에 더해 그것을 가지고 있다. 세 번째 영은 '쿠타'라고 부른다. 이것은 사람과 소와 말에게 있다. 사람이나 소와 말은 첫 번째와 두 번째 영도 가지고 있다. 생명은 '틴', 즉 숨결이라는 단어로 표현된다. 남 지방에서 나는 인간의 죽음에 대한 이야기도 채록했다. "한 위대한 무당이 죽음을 잡아서 여러 겹으로 된 철 상자에 가두고 땅에 파묻었다. 그 후로 사람들은 너무 늙어 사는 게 질릴 정도까지 오래 살게 되었고, 결국 울루-토욘에게 죽음을 풀어 달라고 부탁하게 되었다"[V. V. 라들로프, 《위구르족 문제에 대해》(러시아 제국아카데미 출판부, 1893)에 제시된 아불-가지의 '쿠타'라는 단어에 대한 해설 부분 참조].

생각한다(콜리마 지방, 1883). 그리고 은하수는 '하늘을 꿰맨 자국'이라고 하며(콜리마 지방, 1883), 또 다른 사람들은 신이 세상을 창조할 때 하늘에 남겨진 신의 발자국이라고 말한다(남 지방, 1887).

천체들은 보통 인간의 운명과 날씨 변화에 영향을 주며, 미래를 예보해 준다. 따라서 결혼식은 새로운 달이 떠오른 뒤에만 행한다. 나는 콜리마 지방에서, 수백 킬로미터 떨어진 지역에서 와서 신부의 집과 수 킬로미터 떨어진 곳에서 새로운 달이 뜰 때까지 9일 동안 기다리던 결혼 행렬을 본 적이 있다. 신부의 부모가 새 달이 뜰 때까지 결혼 행렬이 집에 들어오는 것을 허용하지 않았기 때문이다(콜리마 지방, 1883). 사람이 죽는 경우, 몇몇 가지 일들은 새 달이 뜰 때까지 하지 않는다. 즉, 새 달이 뜰 때까지 가까운 호수에서 물고기를 잡지 않으며, 대장장이는 죽은 사람이 있는 집의 침대를 만들지 않는다.

달도 정령을 가지며 사람과 같은 품성을 가진다. 달은 겨울에 맨발로 물을 길러 다니는 등 계모의 학대를 받던 아가씨를 데려갔다. 그 아가씨는 지금도 두레박을 손에 들고 어깨에 물동이를 맨 채 달 속에 서 있으며, 아가씨 옆에는 함께 달로 간 버드나무가 자라고 있다. 보름달일 때는 그 아가씨가 아주 잘 보이는데, 그 아가씨를 '달의 정령

고아 아가씨'라고 부른다. 이 아가씨가 자라는 만큼 달도 커진다고 말한다(남 지방, 1887).

> 달이 보이지 않을 때 달은 고아 아가씨와 함께 사는 집으로 간 것이고, 보름달일 때 달은 고아 아가씨와 함께 물을 길러 나온다(콜리마 지방, 1884).

> 달이 아가씨를 데려갔기 때문에 늑대들과 곰들이 달을 먹는다. 그러나 달은 다시 자라나며, 다 자라면 짐승들이 또 먹어 버린다(남 지방, 1880).

> 초승달이 뜰 때는 항상 날씨가 변한다(남 지방, 1887).

그렇게 인간적인 속성을 가지고 날씨에도 영향을 줄 수 있는 능력을 다른 천체와 별도 가지고 있다. 야쿠트인들은 행성과 혜성 간의 차이를 모른다. 하늘에서 위치를 바꾸며 움직이는 모든 천체를 '촐본'이라고 부르는데, 유성만 별도로 '신디스 우오타'라고 부른다.

'촐본'이라는 명칭은 때때로 보통명사처럼 사용-되기도 하지만, 주로 금성을 지칭한다. 금성에 대해서는 "악마의 딸이며 예전에는 꼬리가 있었고, 그것이 가까이 다가오자 한여름에 폭풍과 혹한이 닥쳐 지상의 모든 것이 사멸할 위기에 처했었는데, 레온티 성인이 그것을 축복해서 물리쳤고 그때 꼬리도 떨어졌다"라고 말한다(남 지방, 1877).

알단 지방의 야쿠트인들은 금성을 가리키면서 내게 이렇게 말했다. "촐본은 여러 개다. 악마의 딸인 촐본은 빼어나게 아름다운 아가씨로, 저기 하늘에 보이는 빛이 그녀의 빛이다. 저 빛은 그녀의 눈에서 나오는 빛이다. 마귀의 아들 유르겔(성단)의 애인이자 신붓감이다. 그런데 그들이 가까이 있으면 좋지 않은 일이 일어난다. 그들 간의 사랑의 떨림이나 거친 숨결은 자연을 간섭해서 폭풍이나 눈보라, 거센 바람을 일으키며, 그들이 서로 합쳐지면 여름에도 눈이 한 길이나 와서 사람, 가축, 나무 등 땅 위의 살아 있는 모든 것들이 죽게 된다"(알단 지방, 바야간타이 지방, 1885).

마법의 돌 '사타'도 바로 그런 자연에 대한 간섭 현상을 일으킨다. 그 돌은 주로 벼락이 친 곳에서 찾을 수 있다. 내가 잘 아는 무당은, '사타'는 벼락 맞은 나무 아래서 찾아야 되는데, 그것이 햇빛을 받으면 죽어 버리기 때문에 아침 일찍 찾아 나서야 한다고 말했다(남 지방, 1887). 사타는 말, 황소, 곰, 늑대, 개, 오리, 거위, 독수리 등의 몸속에 저절로 생기기도 한다. 가장 강력한 사타는 늑대에서 나온 것이다. 그것으로 가뭄과 강한 바람을 일으킬 수 있다. 보통 사타는 바람이나 추위를 불러오며, 한여름에도 눈이 내리게 할 수 있다. 사타는 사람의 머리 모양과 비슷한데 다만 크기가 작다. 사타에서는 코, 입, 눈, 귀의 모습을 구별할 수 있으며, 영혼을 가지고 있기 때문에 죽기도 한다. 즉, 마법적 능력을 상실할 수 있다. 사타를 여자가 만지거나 낯선 사람이 보거나 햇빛에 노출시키면 죽어 버린다. 그리고 끓는 물이 담긴 그릇에 넣으면, 그것은 오랫동안 쉭쉭거리며 그릇 바닥에서 맴돌다 죽어 버린다. 죽은 사타는 보통의 돌과 똑같지만, 살아 있는 사타는 손바닥에 놓고 공중으로 들어 올리면 즉시 그곳으로부터 차가운 바람이 불어온다. 사타를 가진 사람이 먼 길을 떠날 때는 그것을 말의 갈기나 꼬리 아래에 묶어 두는데, 그렇게 하면 말이 땀을 흘리지 않는다. 계속해서 찬바람이 불어 나와 말의 몸을 식혀 줄 뿐 아니라 모기나 말파리를 쫓아 준다. 사타가 마법을 부리도록 하려면 그것을 채찍으로 때리거나 "나의 자식이 살아남지 못하게 하라! 나의 가축이 살아남지 못하게 하라! 내 아내가 살아남지 못하게 하라! 나는 죄를 모르며 너를 안다!"와 같은 주문을 윈다. 사타는 집에 두어서는 안 되며, 둥치에 구멍이 생긴 나무를 찾아

사타를 그것이 나온 동물의 털로 싸서 그 구멍에 넣고 막아 두어야 한다(남 지방, 1888).[56)]

무당 튜시프트도 독수리의 똥에서 사타를 찾은 적이 있다는 이야기를 했다.

> 그것은 작은 돌로, 사람의 머리 모양과 똑같이 생긴 것이었습니다. 그것이 사타인지 아닌지 시험해 보려고 태양을 등지고 서서 그것을 한 번만 때렸습니다. 그랬더니 다음 날 하루 종일 바람이 불었지요. 그래서 그다음에는 그것을 두 번 때렸더니 이틀 연속 바람이 불었습니다. 그다음에 세 번 때렸더니 사흘 연속 바람이 불었습니다. 그래서 나는 그것이 죽나 죽지 않나 보려고 끓는 물에 넣었습니다. 내가 어리석었죠. 죽는다는 것을 믿지 않았던 겁니다. 사타는 물속에서 이리저리 움직이다가 죽어 버렸습니다(남 지방, 1887).

---

56) 그멜린도 '사타'에 대해 언급하고 있다(그멜린, 《시베리아 여행기》, 제2권, p. 510). 중국 송나라 연대기에도 왕연태라는 사신이 위구르족이 사용하는 '야다'라는 돌에 대해 보고한 내용이 기록되어 있다. (V. V. 라들로프, 《위구르족 문제에 대해》, p. 110)

바로 이런 종류의 원시적인 정령숭배의 흔적 가운데 사람의 영혼인 작고 검은 돌 '키시 쿠타'에 대한 믿음도 있다. 무당은 때때로 이 검은 돌을 집의 왼편 땅속에서 찾아내는데, 그것은 무당의 손바닥 위에서 꿈틀대기도 한다. 무당이 키시 쿠타를 찾으면, 그것이 너무 무거워 무당 혼자서는 일어서지 못하며 네 사람의 부축을 받아야 일어설 수 있다(알단 지방, 바야간타이 지방, 1885).

이제 다시 정령과 귀신으로 돌아가 보자. 야쿠트인들에게는 숲 전체를 의인화한 존재가 없으며, 모든 숲과 나무도 각각의 '이치테'(정령, 주인)가 있다. 슬라브 신화에 나타나는 숲 귀신 '레시' 같은 존재는 없다. 물귀신도 마찬가지다. 물귀신을 '슐류쿤'이라고 하기는 하지만, 내가 보기에 그것은 슬라브인들로부터 전해진 것이다. 야쿠티아 물귀신 '슐류쿤'에 대해서는 다음과 같은 이야기를 들었다.

> 슐류쿤은 물에 산다. 물 밖으로 나올 때는 사람 모습을 하는데, 어떤 때는 남자 모습이고 어떤 때는 여자 모습이다. 그것이 물 밖으로 나오는 것은 새해 첫날과 예수 세례절 사이의 기간뿐이다. 사람들이 예수 세례절에 물속에 십자가를 넣는 것을 두려워해 밖

으로 나오는 것이다. 그것은 밤에 황소에 수많은 자식들을 태우고 길을 따라 돌아다닌다. 물에 빠져 죽은 사람은 모두 그것의 가족이 된다. 그렇게 길을 돌아다니면서 다양한 소리를 내는데, 그 소리로 미래를 점칠 수 있기 때문에 사람들은 밤에 들판을 돌아다니거나 얼음 구멍 주위나 교차로 또는 버려진 유르트에 앉아 있다. 이때 미리 부지깽이 끝으로 주위에 원을 그려 놓고 그 속에서 이불을 뒤집어쓰고 서로 몸을 바짝 붙인 채 앉아 있다. 그때 가까이에서 슐류쿤 또는 그의 황소 소리를 들은 사람은 부자가 된다. 그리고 머리 위로 새가 지나가거나 지저귀는 소리를 들은 사람은 자식이 많아진다. 개가 짖는 소리를 들은 사람에게는 혼사가 생기며, 나무나 판자가 부딪히는 소리를 들은 사람은 자신이나 가족 가운데 누가 죽게 된다. 그리고 알랴르하이의 소리를 들은 사람은 가난해진다. 때로는 여러 사람 가운데 한 사람도 아무 소리도 듣지 못하는 경우도 있고, 여러 사람 가운데 한 사람만 어떤 소리를 듣는 경우도 있다. 때로는 슐류쿤이 가까이 다가와 끝이 구부러진 지팡이로 앉아 있는 사람들의 머리를 툭툭 때리고 하품을 하면서 '너희들은 누구냐'라고 묻고는 대답도 듣지 않고 가 버리기도 한다. 숄류쿤의 소리를 듣기 위해 앉아 있는 사람의 수는 항상 짝수여야 한다. 짝수가 아닌 경우에는 숄류쿤이 수를 세어 보고 남은 한 사람을 데려간다고 한다. 숄류쿤을 보는 것은 그리 어렵지 않다. 그가 굳이 몸을 숨기려 하지 않기 때문이다. 만약 집 가까이에 숄류쿤이 나타나는 것을 원치 않는다면, 집 근처 모든 길에 작은 나무 십자가들을 세워 둔다. 이 점은 주목할 만한데, 숄류쿤을 제외하고 야쿠트인들이 십자가를 사용해 쫓아 버리는 귀신이나 환영, 악령이 하나도 없기 때문이다. 야쿠트인들은 그들을 쫓는 데 보통 주문이나 쇳소리, 고함소리 등을 사용한다.[57]

위에 기술한 것 이외에 야쿠트인들은 새해와 예수 세례절에 얼음 구멍 가에서 점을 치거나, 밀랍이나 납을 부어 점을 치거나, 곡물이나 카드를 사용한 다양한 점을 치는데, 대부분 러시아인들로부터 전해진 것이다. 남 지방에서 나는 송곳을 사용해 점을 치는 아주 독특한 광경을

57) 이르쿠츠크 주에 거주하는 러시아인들은 물귀신을 숄류쿤이라고 부른다. 이 단어는 부랴트어인 것으로 보인다.

본 적이 있다.

이를 위해 탁자 위에 숯으로 하나는 작게, 하나는 더 크게 동심원 두 개를 그린다. 작은 원은 '균', 즉 태양이라 부르며, 큰 원은 '제', 즉 집이라 부른다. 그 후 사방위에 해당되는 선을 긋고 나서 머리가 그림 위로 가도록 하고 앉아 양손으로 머리를 감싸고 팔꿈치는 탁자 위에 붙인다. 그리고 이마를 받치고 있는 양손 새끼손가락에 송곳이 매달린 긴 줄을 걸고 주문을 윈다. "슐류쿤, 열린 땅의 귀신이여, 물의 귀신이여…. 바늘아 바늘아 마녀야, 송곳아 송곳아 마법사야, 내 말이 너의 마음을 움직인다! 차흐치-바치! 진심이다! 아무 생각도 하지 않고 신도 생각하지 않고 너에게 묻는다! 너에게 진심으로 묻는다, 너를 생각하며…." 그리고 주문 끝에 운명을 알고 싶은 사람의 이름을 덧붙인다. 그 후 어느 정도 시간 동안 꼼짝도 하지 않고 한 자세로 앉아 있으면 새끼손가락에 매달린 송곳이 움직이기 시작하며 점점 더 큰 원을 그리다가 마침내 시계추처럼 하나의 선을 그리며 움직인다. 만일 그 선이 그림에 그려진 길과 일치하게 되면, 그 사람의 운명은 거기에 쓰인 대로 행복, 불행, 부 또는 죽음을 의미한다. 모든 사람의 경우에 송곳이 움직이는 것은 아니다. 어떤 사람들은 아주 오래 앉아 있어야 하기도 한다. 내가 보기에 송곳이 움직

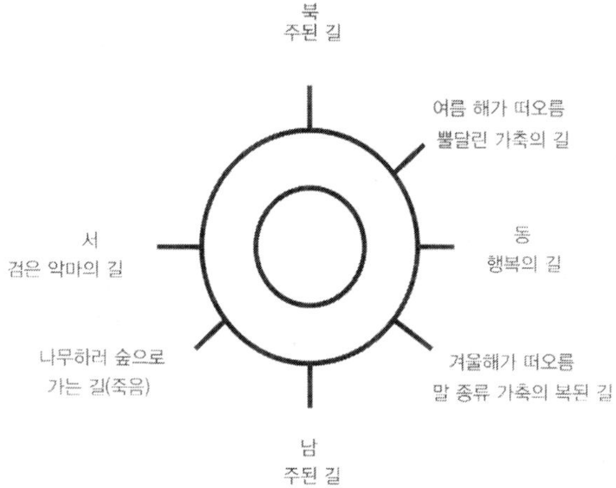

인다 해도 그 방향이 제시된 질문에 따라 변하는 것 같았다.[58] 야쿠트인들은 일반적으로 점치는 것을 아주 좋아하며, 그와 관련된 수많은 방법과 해석이 있다. 가장 일반적인 방법은 숟가락이 떨어지는 것을 보고 점을 치는 것이다. 무당은 북채가 떨어지는 것을 보고 점을 치기도 한다. 아가씨들은 불에 탄 나뭇조각이 어디로 떨어지는지 보고 점을 치기도 한다. 이를 위해 긴 나무막대를 세로로 쪼개고 그 틈에 나뭇조각을 가로로 집어넣은 뒤에 그 중간에

58) 이 송곳 점은 티베트의 푸르부라는 점과 어느 정도 유사하다.

불을 붙여 두고, 나무막대의 탄성에 의해 불에 탄 나뭇조각이 어디로 날아가는지를 보고, 기다리는 사람이 어느 방향에서 올 것인지 점을 치거나 소원이 이루어질 것인지를 점친다. 이렇게 점치는 방법은 아주 널리 퍼져 있다.

이제 앞에 소개한 음울한 것들과는 달리 밝고 활기찬 특징을 가지는 한 가지 신앙을 소개하면서, 야쿠트인의 민간신앙에 관한 짧은 글을 마치고자 한다. 이 신앙의 본질은 다산, 풍요, 부 및 기타 생명을 유지하고 번성하게 하는 데 도움이 되는 모든 것을 숭배하는 데 있다. 그런 복을 주는 모든 신령들은 동쪽에 산다. 그들과 통하는 신관을 '흰 무당'(백샤먼) 또는 '밝은 무당'이라고 하는데, 전에는 그 신령들을 위한 의례(으스아흐)가 주로 여름에 열리기 때문에 '여름 무당'이라고 불렀다고 한다.

이 신령들을 위해서는 '아이할'이라는 무가를 부르며, 아이-토욘에게 하듯이 "우루이"라고 소리친다. 이 신령들 가운데 가장 높은 곳에 사는 것은 다섯 번째 하늘에 사는 '나레이-호툰'과 '노흐솔-토욘'인데, 이들은 부유하고 관대하며 강력한 신령으로 가축의 보호령이다. 이들이 특히 검은색의 털이 많은 가축을 좋아하기 때문에, 그런 가축을 많이 가진 사람은 부유해지며 가축도 더 많아진다.

'나레이-호툰'과 '노흐솔-토욘'과 가까운 곳에 가난뱅

나뭇조각에 불을 붙여 점을 치는 모습

이 신령 '보체라'가 세 개의 얼굴에 세 마리의 흰 암소, 세 마리의 갈색 암소를 데리고 살고 있다. 이 신령은 반유목, 반어업에 종사하는 가난한 사람들의 수호령이다.

그리고 또 동쪽에, 퉁구스인의 모습이지만 턱수염을 가졌고 머리칼이 희거나 붉거나 때로는 검은, 사냥꾼의 신령인 부유한 '바이나이'가 넓은 숲을 차지하고 살고 있다. 이 신령은 아주 부자이며 많은 모피를 가지고 있다. 사냥꾼들은 병이 들거나 사냥이 잘되지 않으면 이 신령에게 검은 황소를 제물로 바치는데, 내장과 고기 가운데 가장 좋은 부분과 머리를 삶아 집 한가운데 식탁을 차려 놓고 바친다. 그 후 무당이 그것을 불태운다.[59] 또 어부들은 '바이나이'를 위해 강의 얼음이 풀리는 시기에만 강가에 두 개의 나무 기둥을 세우고, 그것을 동물의 털로 만든 밧줄로 연결한 뒤에 거기에 색색의 천 조각과 말갈기들을 묶어 두며 강에 버터와 팬케이크 등을 제물로 던져 넣는다. '바이나이'는 이 제물들을 자신의 친구이자 어부의 신령인 '우쿨란'과 나누어 가진다. '우쿨란'은 가난하지만 근심이 없는, 명랑하고 재미있는 신령이다(남 지방, 1889).

59) 헌제 의식을 행할 때, 가끔 나무로 '바이나이'의 형상을 만들어 토끼 가죽으로 옷을 만들어 입히고 제물로 바친 가축의 피를 바르기도 한다.

한편, 지금 소개하는 풍요와 다산에 대한 신앙에서 중심적인 형상은 다산의 상징인 여성 신령 '아이시트'라고 할 수 있다. '아이시트'는 아이-토욘이나 울루-토욘에 비해 땅에 더 가까운 곳에 살지만, 그들에게 종속되지 않는 강력한 여성 신령이다.

다른 풍요와 다산의 신령들이 동쪽에 사는 것처럼, '아이시트'도 동쪽에 산다. 여름에 태양이 떠오르는 쪽에는 사람의 '아이시트'가, 겨울에 태양이 떠오르는 쪽에는 말 종류 가축의 '아이시트'가, 그리고 동쪽의 땅 밑에는 뿔 달린 가축의 '아이시트'가 살고 있다.

'아이시트'가 땅 위로 내려오면 사람의 침대 위가 그의 자리가 된다. 나는 콜리마 지방에서 색색의 천으로 만든 '아이시트'의 형상을 본 적이 있는데, 아가씨들은 그것을 자신의 침대 위 기둥에 걸어 두고 다산을 기원한다.

'아이시트'에게는 자식, 당연히 아들을 점지해 달라고 기도한다. 무당이 와서 '아이시트'에게 기도하는 날이면, 집안을 깨끗이 청소하고 정리하며 사람뿐 아니라 가축도 배불리 먹여 이 여성 신령을 기쁘고 즐거운 마음으로 영접할 수 있게 한다. '아이시트'를 부르는 굿을 할 때, 무당은 이웃에 사는 아가씨들 가운데서 아직 사랑을 모르는 아홉 명의 처녀와 아홉 명의 총각을 선발해 총각들은 자신의 오른편에, 처녀들은 자신의 왼편에 한 줄로 서게 한 뒤, 혼자 북을 들고 앞으로 나가 북을 치고 노래하며 춤을 춘다. 그 때 처녀, 총각들은 서로 손잡고 제자리걸음을 하면서 무당의 노래에 맞추어 "아이할! 아이할! 우루이! 우루이"라는 후렴구를 합창한다. 그리고 무당은 악하고 해로운 귀신들을 위한 굿을 하거나 울루-토욘을 위한 굿을 할 때와 마찬가지로, '아이시트'의 친척이 되는 모든 신령들의 이름을 하나도 빼놓지 않고 불러 그들에게 예를 표한다. 한편, 무당은 춤추고 노래하면서 하늘로 가게 되는데, 마음씨가 곱지 않은 무당은 하늘에 들어갈 수 없다고 한다. '아이시트'의 시종인 처녀, 총각들이 은으로 만든 채찍으로 때려서 내쫓는다는 것이다. '아이시트'를 위한 굿은 '흰 무당'만 할 수 있다. 무당의 굿을 보조하는 처녀, 총각들 가운데 이미 동정을 잃은 사람들도 하늘에 들어갈 수 없다고 한다(남지방, 1889).

무당의 노래[60]에서 '아이시트'는 '마음이 넓은 여성 신

---

60) 안타깝게도 나는 그 일부밖에 채록하지 못했다. '아이시트'와 '이예흐시트'를 혼돈하지 말아야 한다. '이예흐시트'는 모든 사람에게 있는 수호령이다. '아이시트'라는 이름은 창조모라는 뜻으로 번역할 수 있다. '아이'는 '창조하다'라는 뜻이고, '시트'는 '어머니 역할을 하다'라는 뜻이다.

령'으로 칭송되며, 줄무늬 담비 외투 옷자락을 활짝 벗어 젖히고 있고, 모자의 뒤쪽 끝이 위로 말려 있으며 늑대 가죽으로 만든 무릎 덮개를 무릎까지 내리고 있고, 신발은 여덟 개의 매듭으로 묶어 신고 있는 모습으로 그려진다. '아이시트'에게는 신생아가 죽지 않고 잘 자라는 '즐거움과 행복'을 달라고 기도한다(콜리마 지방, 1883).

과거에는 부유한 야쿠트인들이 집안의 여자가 임신을 한 경우에 '아이시트'에게 가축을 제물로 바치는 관습이 있었다. 제물이 되는 가축은 바로 아이가 태어날 때, 즉 '아이시트'가 수많은 처녀, 총각, 풀과 땅, 나무의 정령들과 함께 산모의 머리맡에 강림하는 순간에 죽였다. 신생아나 산모가 죽게 될 것 같으면, '아이시트'는 오지 않고 그 대신 귀신이 다녀간다고 했다. '아이시트'에게 제물로 바치는 가축의 머리, 심장, 간, 비장, 복막은 삶아서 식탁 위에 차려 두었으며, 고기는 집안 식구들, 이웃들, 손님들, 그리고 산파와 산모에게 나누어 주었다. 그리고 산파는 아기를 받자마자 즉시 화로로 가서 불에 버터를 많이 집어넣은 뒤에 "아이시트여, 아기를 보내 주어 고맙습니다. 앞으로도 그렇게 해 주시길 빕니다"라고 말했다.

'아이시트'는 아기가 태어난 집에서 3일간 머무는데, 그 동안 산모는 아기가 태어난 바로 그곳의 바닥에 깔린 멍석

위에 누워 있어야 한다. 3일째 되는 날에는 사람들이 산모를 부축해 일으켜 주며, 산모는 몸을 씻고 침대로 간다. 이때 남자들은 집 안에 있지 말아야 하며, 집의 화롯가에는 여자들만 모자를 쓴 채 둥글게 둘러 앉아 끓인 버터를 먹으며, 그것을 불에 부어 넣거나 손에 부어 얼굴을 씻으며 "이헤헤! 이헤헤! 이헤헤!" 하고 세 번 외치고 깔깔 웃는다. 이런 의례를 위한 버터는 미리 큰 컵으로 세 컵 이상 준비해 둔다. 한 컵은 '아이시트'를 위한 것이고, 또 한 컵은 산파를 위한 것이며, 나머지 한 컵은 손님과 산모를 위한 것이다.

이렇게 모든 의례를 수행하고 고기를 다 먹고 남은 것을 불태운 뒤에 손님들은 집으로 돌아간다. 그때까지 출산에 사용된 멍석과 태반 및 기타 출산의 흔적은 집 안에 두었다가 산파가 마당이나 다른 곳으로 가져가 높은 나무 위에 걸어 놓는다. 그때 '아이시트'도 떠난다. '아이시트'는 자신의 아버지 '제세게이 아이 퇴르되 요르다흐 토욘'의 손에서 사람의 영혼을 건네받아 이 중간계에 전해 주는 자신의 할 일을 다 한 것이다. 신생아의 운명은 '처녀, 총각, 풀과 땅, 나무의 정령'이라고 불리는 서기들이 이미 아이-토욘의 장부에 기록했고, 아기는 하늘에서 정해 준 상황에 복종하며 살게 된다. 그러나 아기의 영혼은 전생에 천계에서 살다가 이제 중간계로 내려왔으니, 전생을 기억하며 평생 그리워하게 된다(콜리마 지방, 1883). 야쿠트인들은 인간이 보다 완전한 것을 지향하며 이상적인 것을 그리워하는 속성이 바로 그것 때문이라고 설명한다.

해설

이 번역서의 원전은 1896년 상트페테르부르크에서 출판된 바츨라프 세로솁스키(Вацлав Серошевский)의 《야쿠트인. 민족지학적 연구 경험(Якуты. Опыт этнографического исследования)》이며, 번역의 저본으로 삼은 것은 1993년 모스크바에서 재판된 책이다. 저자 바츨라프 세로솁스키는 1880년부터 1892년까지 12년간 야쿠티아 지방에서 유형 생활을 했다. 제정 러시아의 지배를 받고 있던 폴란드에서 사회주의 노동자 비밀결사에 가입해 활동한 것이 죄목이었다. 그는 유형지에서 야쿠트 여인과 결혼해서 야쿠트어를 배우고 야쿠트인들을 통해 주변 지리를 익혔다. 최초의 목적은 탈출을 위한 것이었다. 그러나 점차 야쿠트인들의 구전 설화와 시가의 아름다움에 눈을 뜨게 되어 채록을 시작했고, 스스로도 문학 작품을 집필하기 시작했다. 그의 저서 《야쿠트인》은 핍박받는 민족 출신으로서 당시 수탈의 대상이었던 야쿠트인에 대한 공감, 그리고 야쿠트 구전 문학에 대한 감동과 더불어 그의 문학적 재능이 만들어 낸 야쿠트인에 대한 가장 상세하고 사실적인 저

술이다.

원전은 서론과 14장의 본문, 그리고 첨부 등 총 736쪽으로 구성되어 있는데, 이 책에서는 그 가운데 야쿠트족의 정신문화와 관련된 제13장 〈구비전승〉(pp. 567~592)과 제14장 〈신앙〉(pp. 593~651)의 총 84쪽(원전의 약 11%)을 발췌 번역했다.

이렇게 야쿠트인의 구비전승과 민간신앙에 해당되는 부분만 발췌해 번역, 소개하는 것은 동시베리아와 극동지역 여러 민족 가운데 야쿠트인의 민간신앙이 독특한 융합적 양상을 보이기 때문이다.

야쿠트족은 러시아 연방 동북 지역에 위치하며 러시아 연방 내에서 가장 넓은 영토를 차지하고 있는 사하(야쿠티아) 공화국의 명목민족으로, 인구는 약 45만 명이다. 야쿠트족은 투르크계 종족으로 사하 또는 우량하이라는 명칭으로도 불리는데, 본래 바이칼 서부에서 몽골계 부랴트족과 일정 기간 이웃해 살다가 칭기즈칸 침공 이후 동북쪽으로 이동해 현재의 지역에 정착한 것으로 알려져 있다. 그리고 야쿠트족은 19세기까지 동시베리아에서 가장 강성한 종족이었기 때문에 극동 시베리아 지역의 다양한 민족들 간의 교류를 주도했으며, 따라서 야쿠트어가 다양한 민족들의 공용어 역할을 하기도 했다.

야쿠트족의 이러한 이동 과정 및 타 민족과의 활발한 교류가 보여 주는 것처럼, 투르크적 요소를 바탕으로 하는 야쿠트인의 민간신앙에는 먼저 부랴트-몽골적인 요소가 흡수되었으며, 현재의 야쿠티아 지역으로 이동, 정착하는 과정에서 에벤크족, 에벤족 등 퉁구스적인 요소, 그리고 축치족, 코랴크족 등의 고아시아적 요소들도 흡수되었다. 또한 러시아인이 극동 시베리아를 정복하는 과정에서 러시아정교의 요소도 흡수되었다. 따라서 본 번역서에 소개되는 19세기 후반 야쿠트인의 민간신앙은 이미 투르크적 요소, 몽골적 요소, 퉁구스적 요소, 고아시아적 요소, 러시아적 요소가 융합된 상태였다.

따라서 19세기 후반에 12년간의 유형 생활 동안 야쿠트인들과 함께 지내면서 직접 보고 들은 것을 기록한 세로솁스키의 저서, 특히 민간신앙에 관한 부분은 기록적인 가치뿐 아니라 커다란 학술적인 가치를 가진다. 또한 20세기 들어 공산주의 혁명 및 소비에트 건설, 산업화, 집단화 과정에서 종교가 탄압되고 특히 샤머니즘을 비롯한 각종 민간신앙이 미신으로 취급되어 철저하게 박해를 받아 거의 소멸 지경에 이르렀었던 상황을 고려할 때, 세로솁스키의 저서가 야쿠트인의 전통 민간신앙의 양상을 파악하는 데 극히 귀중한 자료라는 점을 알 수 있다.

한편 우리의 경우, 20세기의 역사적 풍파 속에서 민족의 존립 자체를 위해 노력하는 과정에서 안타깝게도 전통 정신문화에 해당되는 많은 것들을 잃어버렸으며, 최근 중국의 동북공정이나 세계화의 풍파 속에서 민족정기를 되살리려는 노력의 일환으로 우리 고대사와 고대문화, 전통문화에 대한 관심이 커져 가고 있다. 그리고 그 과정에서 극동 시베리아 지역과 해당 지역 원주 민족들의 역사와 문화에 대한 관심도 커지고 있다. 그러나 아직 국내에는 극동 시베리아 지역 원주민들의 전통문화에 대한 연구가 활성화되어 있지 않으며, 일반 독자들이 큰 어려움 없이 흥미롭게 읽을 만한 서적도 별로 없는 상황이다. 러시아 연구자들은 주로 러시아인 또는 유럽 러시아에 관심을 두고 있고, 한국 고대사나 민속학 연구자들은 언어 장벽 때문에 연구에 많은 제약을 받고 있기 때문이다. 이런 상황에서 본 번역서는 전문 학자 뿐 아니라 일반 독자에게도 관심의 대상이 될 수 있을 것이라고 생각한다.

본 번역서는 앞서 밝힌 것처럼 야쿠트인의 '구비전승'과 '신앙'의 부분으로 구성되어 있다. '구비전승' 부분에는 야쿠트어의 일반적인 특징과 구비전승의 종류와 양상이 기술되어 있고 두 가지 민담이 제시되어 있다. 야쿠트인이 노래를 즐겨 언제 어디서든 노래를 한다는 점은 고구려의 풍습, 나아가 우리 민족의 풍습을 연상시키며, 민담에 등장하는 동물 중 말은 투르크족과 몽골족, 쥐와 까마귀는 고아시아족, 독수리는 투르크족과 몽골족의 민담을 연상시킨다. '신앙' 부분에는 야쿠트인의 죽음에 대한 관념, 풍장, 조장, 고려장, 나아가 '자발적 죽음' 등 여러 민족들의 장례 풍습이 혼합되어 있는 양상이 제시되어 있으며, 샤먼 의례와 무구 등 샤머니즘과 관련된 여러 가지 사실들과 애니미즘, 페티시즘적 요소들도 제시되어 있다. 특히 솟대에 관해 기술된 부분은 독자들의 흥미를 끌 것으로 본다. 한편, 황소를 제물로 바치는 것에 관해 기술한 부분은 고대 흉노족의 황소에 대한 관념을 연상시키기도 하며, 곰에 대한 관념 및 곰과 관련해 소개된 민담은 퉁구스 계통의 종족들 사이에 널리 퍼져 있는 것과 유사하다. 그리고 까마귀와 독수리가 지고신의 자식이라고 여기는 관념은 투르크족, 몽골족, 고아시아족에 고루 퍼져 있는 요소이며, 우리 민족 고대의 '삼족오'의 의미를 추적할 단초를 제공하는 요소라고 볼 수도 있다.

이처럼 본 번역서에 소개되는 야쿠트인의 '구비전승'과 '신앙'에는 극동 시베리아의 투르크족, 몽골족, 퉁구스족, 고아시아족의 요소들이 모두 융합되어 있다. 또한 독자들은 야쿠트인의 민간신앙에서 우리의 전통 민간신앙과 비슷한 점이 아주 많다는 것을 발견할 수 있을 것이다. 그러나 누가 어떻게 읽느냐에 따라 제시된 사실들은 다양하게 해석될 수 있을 것이며, 나아가 다양한 방향의 연구 또는 독서로 이어질 수 있을 것이라고 생각한다. 다만, 이 책의 내용이 19세기에 기술된 것이라는 점을 기억해서 현대의 야쿠트족에 대한 부당한 시각을 갖지 않게 되기를 기대한다.

지은이에 대해

바츨라프 세로셉스키는 제정 러시아의 지배를 받고 있던 폴란드의 불카 코즐로프카의 지주 집안에서 1858년에 출생했다. 그러나 아버지가 1863년 폴란드 독립을 위한 무장 봉기에 참여한 뒤 해외로 도피해 객지에서 사망하고 어머니도 1868년 사망함에 따라 바르샤바의 친척 집에서 지내면서 바르샤바 제3김나지움에서 수학했다. 당시 그는 반러 학생 비밀결사에 참여해 러시아어를 사용하지 않기로 맹세했고 그로 인해 퇴학을 당했다. 이후 그는 목공소에서 일하다가 철도학교에 입학했고 사회주의 노동자 비밀결사에 가입해 활동하기 시작했다. 이에 따라 1878년 체포되어 바르샤바 성채에 수감되었으며, 1879년에는 바르샤바 성채 폭동에 참여한 죄로 8년 형을 선고받았으나 후에 이 선고가 동시베리아 유형으로 변경되었다. 그 후 1880년에 유형지인 야쿠티아 베르호얀스크에 도착했으며, 1892년 유형에서 풀려나기까지 다양한 문학 작품을 썼으며 단행본《야쿠트인》을 저술하기 시작했다. 유형에서 풀려나 이르쿠츠크로 이주해 독지가의 후원과 러시아

지리학회 및 포타닌, 클레멘츠 등 저명한 지리, 민속학자들의 도움으로 《야쿠트인》 저술을 지속했다. 러시아어로 저술된 이 책은 1896년 상트페테르부르크에서 《야쿠트인. 민족지학적 연구 경험》이라는 제목으로 출판되었다. 이 책은 페테르부르크대학의 저명한 고고학, 동방학 교수 N. 베셀롭스키의 추천으로 러시아 지리학회의 '작은 금메달'을 수상하기도 했다. 그 후 세로솁스키는 1897년에 폴란드 귀국 허가를 받았으며, 1902년에 극동 탐사를 나섰다. 시베리아 횡단철도로 이르쿠츠크까지 갔다가 거기서 만주를 거쳐 일본에 도착해 사할린 섬에서 아이누족을 연구하기도 했으며, 러일 간 긴장이 발생하자 1903년 가을에 일본, 조선, 중국, 실론 섬, 이집트, 이탈리아를 거쳐 귀국했다. 이때의 경험을 바탕으로 저술한 여행기에 '조선'에 관한 부분이 포함되어 있기도 하다. 그 후 그는 조국 폴란드에서 반정부 민족 투쟁을 지속했고, 폴란드 독립 이후 1920~1921년에 선전상, 1927~1930년 폴란드 작가협회장, 1933~1934년 폴란드 문학아카데미 총장 등을 역임하며 민족주의 노선의 정치 활동을 지속하다가 1945년에 사망했다.

옮긴이에 대해

김민수는 한국외대 통역번역대학원을 졸업하고 동 대학교 대학원에서 노어학을 공부했으며, 러시아 치타 국립대학교에서 철학과 인간학을 수학했다. 현재 한국외대 러시아연구소 HK교수로 근무하고 있으며, "러시아연방 인문공간" 연구의 일환으로 극동 시베리아 지역 원주민족들의 설화와 전통 신앙에 관심을 두고 공부하고 있다.

원서발췌 야쿠트인 : 구비전승과 신앙

지은이 바츨라프 세로솁스키
옮긴이 김민수
펴낸이 박영률

초판 1쇄 펴낸날 2012년 2월 23일
개정1판 1쇄 펴낸날 2025년 8월 25일

지식을만드는지식
출판등록 제313-2007-000166호(2007년 8월 17일)
02880 서울시 성북구 성북로 5-11
전화 (02) 7474 001, 팩스 (02) 736 5047
commbooks@commbooks.com
commbooks.com

지식을만드는지식은
커뮤니케이션북스(주)의 고전 출판 브랜드입니다.

ISBN 979-11-430-1038-4 93380

책값은 뒤표지에 있습니다.